KB273636

외면하지 않을 권리

별도의 표시가 없는 한 교육공동체 벗이 생산한 저작물은 크리에이티브 커먼즈
[저작자표시-비영리-변경금지 4.0 국제 라이선스]에 따라 이용하실 수 있습니다.
http://creativecommons.org/licenses/by-nc-nd/4.0

외면하지 않을 권리

교과서에는 없는 세상을 만나다

© 한다솜 외, 2012

2012년 12월 28일 처음 펴냄
2016년 5월 20일 초판 4쇄 찍음

글쓴이 | 한다솜, 조우경, 정윤서, 이지훈, 유호준, 서재협, 서수민, 서새롬, 박준하, 류수민,
        노효승 · 김형성 · 김준희 · 김선호, 김해주, 김해솔, 고예솔
기획 · 편집 | 이진주, 설원민
출판자문위원 | 이상대, 박진환
디자인 | 이수정
종이 | 화인페이퍼
인쇄 | 주손디앤피
제작 | 세종 PNP

펴낸이 | 김기언
펴낸곳 | 교육공동체 벗
이사장 | 임덕연
사무국 | 최승훈, 이진주, 설원민, 김기언, 공현
출판등록 | 제2011-000022호 (2011년 1월 14일)
주소 | 서울시 마포구 성미산로1길 30 2층
전화 | 02-332-0712, 070-8250-0712
전송 | 0505-115-0712
홈페이지 | communebut.com
카페 | cafe.daum.net/communebut

ISBN 978-89-966034-8-1 03300

이 도서의 국립중앙도서관 출판예정도서목록(CIP)은 서지정보유통지원시스템 홈페이지(seoji.nl.go.kr)와
국가자료공동목록시스템(www.nl.go.kr/kolisnet)에서 이용하실 수 있습니다. (CIP제어번호: CIP2012005919)

* 필자들의 소속과 소개는 출간 당시 기준입니다.

교과서에는 없는
세상을 만나다

외면하지 않을 권리

한다솜 | 조우경 | 정윤서 | 이지훈 | 유호준 | 서재협 | 서수민 | 서새롬 | 박준하
류수민 | 노효승 · 김형성 · 김준희 · 김선호 | 김해주 | 김해솔 | 고예솔

교육공동체벗

1부. 불의한 현실에 맞서다

2부. 공존을 생각한다

3부. 대안을 찾아 나서다

오늘을 살아가고 있는 청소년, 미래를 살아가게 될 그들의 현주소는 어떠한가? 제도교육은 더 이상 학생들의 미래를 책임져 주지 못하고 학교는 '교육 불가능'의 위기에 처해 있다. 교사는 학생들에게 그들이 직면할 현실을 말해 줄 책무를 방기하고 있다. 교육에는 탈정치의 굴레가 견고하게 씌워져 있고 교과서는 이를 충실히 따르고 있기 때문이다. 교육이 좀 더 현실에 천착해야 하는 이유가 바로 여기에 있다. 이런 상황을 뛰어넘기 위해서는 교사들의 용기가 필요하다. 그러나 교사들 또한 현실을 배운 바 없고, 제대로 경험하지 못한 채 경쟁의 승자로서 교단 위에 서 있다. 결국 학생 스스로 용기를 내는 수밖에 없다.

《외면하지 않을 권리》는 바로 학교교육에서 거세된 현실을 이야기한다. 교과서에 박제된 지식으로 존재하는 민주주의와 인권, 노동, 환경 등의 문제를 온몸으로 경험한 청소년들의 목소리를 담았다. 청소년들의 삶과 가장 밀접한 교육문제도 빼놓을 수 없다. 교과서 밖에서 그들이 만난 사회는 어떤 모습이었을까?

1부 '불의한 현실에 맞서다'는 국가와 그 비호 아래에 있는 자본의 폭력성을 이야기한다. 죽음으로 저항할 수밖에 없었던 밀양 송전탑 문제와 쌍용차, 한진중공업 사태 등은 이를 극명하게 드러내고 있다. 반세기가 넘도록 해결하지 못한 일본군 위안부 문제와 후쿠시마 사태 이후 인류의 문제로 인식되고 있는 탈핵은 국가폭력의 과거와 현재, 미래를 이야기한다.

2부 '공존을 생각한다'는 개발로 인한 환경문제를 다뤘다. 해군기지가 건설되고 있는 제주 강정마을과 생명의 무덤으로 변한 새만금, 성미산 지키기 싸움 등을 통해 인간의 이기심으로 인해 파괴된 자연과 그 안의 무수한 생명들의 아픔을 대신 전한다. 4대강 개발로부터 지켜낸 두물머리 싸움에서는 일말의 희망을 발견할 수 있다.

3부 '대안을 찾아 나서다'는 교육과 사회의 한계에 맞선 청소년들의 권리 찾기 움직임을 담았다. 대학거부운동과 희망의 우리학교는 제도교육과 사회에 대한 청소년들의 용기 있는 도전이다. 서열화된 대학도, 스펙 사회도, 제도교육도 거부하는 이들은 맨몸으로 사회와 맞짱 뜬다. 청소년 참정권 요구와 학생인권조례제정운동은 인간으로서, 사회 구성원으로서 존재를 부정당하는 현실에 맞선 청소년들의 투쟁이다. 농사 유학은 교육제도와 도시 문명을 뛰어넘은 삶에 대한 고민을 나눈다.

다양한 사회 문제를 직접 보고 경험한 청소년들의 기록이자 증언인 이 책에는 우리 사회의 불의한 현실에 대한 분노와 성찰이 날것 그대로 담겨 있다. 때론 거친 목소리도 여과 없이 드러나지만 우리 사회의 병폐에 대한 통찰력은 누구보다 예민하고 예리하다.

필자들은 그들의 사회 참여를 못마땅해하는 비청소년들의 꼰대성에 일침을 가한다. "대견하다", "기특하다"고 하는 시선도 거부한다. 대신 이 책의 필자들은 말한다. 나이가 어리다는 이유로, 아직 학생이라는 이유로 세상에 대해서 무관심해도 되는 것은 아니라고. 우리에겐 우리의 삶과 우리가 앞으로 살아갈 사회에 대해 외면하지 않을 권리가 있다고.

교육공동체 벗 편집부

1부

불의한 현실에 맞서다

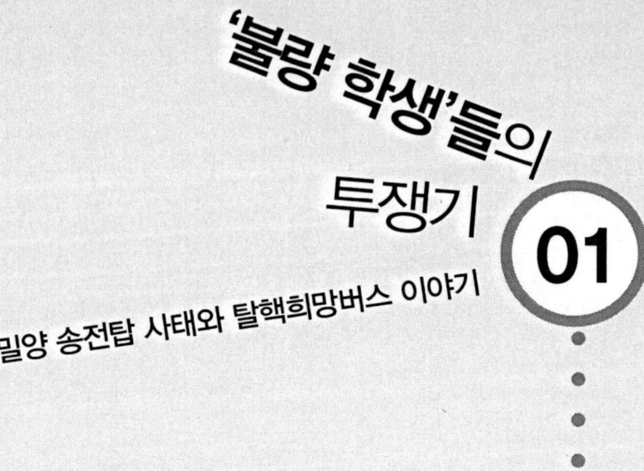

한다솜 | 경남 밀양 밀성고

han-zion@hanmail.net

하늘 아래 가장 높다는 고3 여학생입니다.

공부 좀 해 보려고 했더니

송전탑 문제로 시끄러워서 책을 덮고 친구들과

송전탑반대운동에 나섰습니다.

아프니까 청춘인 게 아니라 청춘이니까 아픈 것 같습니다.

생존을 위한 싸움

밀양은 새까만 밤입니다. 야간 강제 학습을 마치고 걸어가다 보면 운동장 위로 별이 깨알같이 박혀 있습니다. 가로등조차 눈부신 하굣길은 달빛만 있어도 무섭지 않을 것 같습니다. 그런데 지구 반대편이 아니더라도 아직 한낮인 곳이 있더군요. 휘황찬란한 네온사인에 온종일 돌아가는 에스컬레이터, 번쩍이는 건물들. 그들의 밝은 밤을 위해서 우리들이 얼마나 새까매졌는지 그들은 모릅니다. 까맣게 타들어 간 속에 비수가 되어 꽂힌 송전탑. 평생 농사만 지어 투박하고 거칠어진 피부에도 상처가 나긴 마찬가지입니다. 그러나 그 신음 소리는 도시의 경적 소리에 파묻혀 들리지 않습니다.

밀양에 세워질 송전탑은 신고리 핵발전소에서 생산한 전기를 전송하기 위한 것입니다. 그런데 송전탑이 세워지는 곳이 아니라 밤을 낮으로, 겨울을 여름으로 바꾸고 싶어 하는 곳에서 그 전기를 필요로 하지요. 시골의 희생으로 도시가 편안함을 누리는 구조는 이제 당연하게 여겨지는 듯합니다. 도시에 전기를 공급하기 위한 총 162개의 송전탑 중에 69개가 이곳 밀양에 세워집니다. 장소를 가리지 않고 세워집니다. 초등학생 때 외우던 시가市歌의 가사는 "화악산 정기 받아 미리벌 혼을 이어"로 시작합니다. 밀양의 정기가 흐르던 화악산은 이제 초고압의 전자파가 흐르게 될 것입니다. 30년간 밤농사를 지어 온 산에도, 삼형제가 자식들을 키운 논에도, 물 좋고 공기 좋은 장수촌에도, 찬송가가 흘러나오는 수도원에도, 심지어 아이들이 뛰노는 초등학교에도 송전탑은 촘촘히 세워지게 됩니다.

평생 조금씩 모은 땅이 무용지물이 되어 버렸는데도 주민들은 보상금 165만 원을 받고 떠나야 합니다. 4억짜리 땅은 6천만 원으로 책정되었습니다. 세종시, 4대강 때와 비교해 봐도 도저히 용납할 수 없는 금액입니다. 게다가 송전탑이 지나가는 자리만 보상이 됩니다. 송전탑 때문에 쓸모없어진 땅은 그보다 훨씬 넓은데도 불구하고요. 땅을 담보로 농협에서 돈을 빌린 사람들은 송전선로 사업 계획이 발표되자 대출금 상환 압박에 시달려야 했습니다. 강남 부자들은 집값이 조금만 떨어져도 "아야, 아야" 하는데 이제 살아갈 길이 막막한 어르신들이 땅을 지키려고 하는 것은 당연한 일 아닌가요.

어르신들은 한겨울에 번듯한 방한복도 없이 송전탑 부지 예정지에서 나무를 붙잡고 벌목을 막으며 내내 말씀하셨습니다. '이렇

2012년 3월 18일.
한전의 송전탑 공사를 막기 위해 평밭마을 할머니, 할아버지들은 송전탑 예정 부지인
산속에 움막을 짓고 생활하며 싸우고 계셨다.

ⓒ최승훈

게 죽으나 저렇게 죽으나 똑같다'고. 저는 매번 그 말을 들을 때마다 가슴이 미어집니다. 칠순 넘으신 노인들이 아픈 다리를 이끌고 산에 올라가 나무를 안고 계신 모습은 꺼져 가는 불꽃이 마지막으로 발악하며 활활 타오르다 곧 꺼지고 마는 그런 그림을 연상시킵니다. 그러면 저는 겨우내 감기 한번 안 걸린 몸과 튼튼한 다리와 부드러운 손이 한없이 부끄러워집니다. 제 나이 열아홉에 무한한 죄책감을 느끼는 것입니다.

혹자는 보상금을 더 타 내려고 싸운다고들 하는데 실제로 송전탑반대운동은 보상금이 아니라 생존을 위한 투쟁입니다. 송전탑으로 땅을 잃게 된 주민들 중에는 당장 먹고살 방법이 없는, 평생 농사만 지어 오신 분들이 대부분입니다. 그분들에게 땅은 단순히 재산이 아니라 목숨이고 희망입니다. 그래서 자신들을 무시하고 조롱하는 용역을 원수로 대하지 않고 똑같은 사람으로 대할 수 있는 것이지요. 그들도 젊은 나이에 오죽했으면 용역을 하겠냐고, 세상이 그렇게 만든 게 아니겠냐고 이해하는 것입니다. 서로 대치하는 어르신들과 용역들 모두 생존을 위해 싸우고 있는 것입니다. 싸움을 붙인 자는 멀찍이서 지켜만 보고 있고요.

용산, 후쿠시마, 강정마을, 그리고 밀양

문제는 보상뿐만이 아닙니다. 765kV라는 초고압 전선은 인간을 비롯한 모든 생명에게 위협이 됩니다. 전자파의 위험은 7년 전 처음 송전탑이 논란이 되었을 때 밀양 시민이 가장 공감했던 부분이기도 합니다. 너도나도 송전탑이 들어서면 아이를 못 낳는다며, 기형아가 태어난다면서 걱정했습니다. 전자파는 암을 유발하고 가축의 생식 능력에도 지대한 영향을 끼칩니다. 송전선에서 나오는 코로나 소음도 무시할 수 없습니다. 밀양은 산이 많아서 대부분의 마을이 분지 가운데 자리하고 있습니다. 이러한 지형은 코로나 소음이 밖으로 퍼지지 않고 마을을 맴돌게 합니다. 주민들은 '끼-이익' 하는 귀신 소리를 들으며 폐촌에서 살아야 합니다. 또한 아름다운 산이 파괴되어 산을 찾는 사람을 찾아보기 힘들어지고 '밀양 8경'을 구경하러 오는 관광객들도 줄게 될 것입니다.

무시무시한 재앙은 2005년에 소리 없이 찾아왔습니다. 당시 송전탑 건설을 논의하기 위해 처음 상동면에서 개최된 주민 설명회에는 3,500여 명의 주민 중 고작 38명이 참가했습니다. 그마저도 마을 이장들이 중심이었고 나머지 주민들은 설명회가 열린다는 사실조차 잘 몰랐다고 합니다. 그러나 정부는 이를 주민들과 충분히 소통했다는 알리바이로 삼았습니다. 정부의 졸속 처리는 전부터 감탄해 오던 것이지만 너무했다는 말밖에 나오지 않습니다. 주민들이 사실을 알게 된 건 행정대집행을 예고하는 계고장이 날아온 후였습니다. 민주주의를 찾아볼 수 없는 의사 결정 과정과 일방적인 공사 강행은 대한민국의 국민으로서 수치스러운 모습입니다.

　게다가 치사하게 거짓말까지 했답니다. 반대 세력의 몸집이 커지고 전투력이 세지는 것은 분명 한전에게 좋지 않은 소식이었을 것입니다. 그러니까 마을공동체를 와해시키려고 온갖 수작을 부렸겠지요. "이 마을에서 송전탑을 100m 물러 주겠다." "저 마을에 송전탑이 좀 더 붙게 해 주겠다." 그들은 지키지도 않을 약속으로 사람들을 회유했고, 결국 마을 간에 분쟁이 일어났습니다. 송전탑이 어느 마을에 가까워지든 어쨌거나 모두 피해를 입는 건 마찬가지인데 쪼개져서 반목한 것이 결과적으로 한전을 도와준 셈이 되었습니다. 정부는 방사능폐기장 유치전에서도 약자들의 약점을 자극해 갈등과 반목을 유발하여 원하는 바를 이루는 영악함을 보여 준 적이 있습니다. 민중의 분열은 국가권력이 승기를 잡는 데 아주 효과적인 전략이었습니다.

　송전탑 또한 국가의 폭력, 권력의 폭력이라는 점에서 저는 밀양을 제2의 용산, 제2의 강정마을, 제2의 후쿠시마라고 부르고 싶습니다. 용산 철거민들은 자신들을 삶의 터전에서 몰아내려는 국가에 목숨을 걸고 대항하였습니다. 강정마을은 인간과 환경을 고려하지 않은 국가의 일방적 결정에 분노하고 있습니다. 후쿠시마는 도쿄를 위해 핵발전을 하다 대신 방사능 피해를 입고 결국 버려졌습니다. 밀양의 과거와 현재와 미래는 이들과 다르지 않습니다. 밀양은 국가폭력에 의해 희생된 이들의 대열에 나란히 서게 될 것입니다. 헌법에는 국가가 국토의 균형 있는 개발과 지역 간의 균형 있는 발전을 추구해야 한다고 적혀 있습니다. 재산권에 대해 정당한 보상을 해야 한다고도 명시되어 있습니다. 그러나 현실은 헌법과 거리가 멀어 보입니다. 아마도 그 이유는 '모든 국민은 행복을 추구할 권리를 가진다'고 말하는 이 헌법이 대한민국 헌법이 아니거나 우리가 대한민국 국민이 아니거나, 둘 중 하나겠지요.

우리들의 투쟁기

밀양의 아침은 아주 조용합니다. 주택가엔 저만치 학교에서 여자애들이 재잘거리는 소리까지 들립니다. 그런데 왜 여기저기서 울부짖는 어르신들의 외침은 들리지 않았던 것일까요. 밤마다 분노를 삼키는 울음도 듣지 못한 채 죄 많고 가벼운 아침을 보내 왔습니다.

제가 송전탑 문제에 관심을 갖게 된 건 지난 1월 이치우 할아버지께서 분신하신 일을 신문 사이에 있는 전단지에서 보고 나서부터입니다. 그동안 조용해서 잘 해결된 줄로만 알았던 송전탑 문제가 누군가의 생명을 빼앗아 갈 정도로 심각한 사안이라는 사실을 알고 깜짝 놀랐습니다. 전단지는 재로 타 버린 순교자의 사진과 분노 섞인 글로 뒤덮여 있었습니다. 하루 종일 용역과 몸싸움을 하신 이치우 할아버지께서는 "오늘 내가 죽어야 이 문제가 해결되겠다"는 말씀을 남기고 몸에 불을 지르셨습니다. 우리가 공부하고 있는 곳 바로 옆에서 어떤 일이 벌어지고 있는지 깨닫고는 친구들에게 전단지를 돌렸습니다. 친구들은 "어떡해, 어떡해"만 되풀이하면서 어쩔 줄 몰라 했습니다. 정말 무얼 어떻게 해야 할지 알 수 없었습니다. 한동안 무엇에 짓눌린 듯한 느낌에 답답했습니다. 곧 저는 그것이 죄책감이라는 것을 알았습니다. 꼭 제가 그분의 목숨을 앗아 간 것만 같은 죄송함에, 알지 못했던 죄가 하나씩 드러나는 고통을 느꼈습니다. 지워지지 않을 죄책감을 덜 느끼기 위해서라도 저는 무언가를 해야만 했습니다.

전 후쿠시마 사태 이후로 핵발전소에 관해 관심을 가졌습니다. 신문 기사도 찾아 읽고 관련 도서도 몇 권 읽었습니다. 가까이에서 열리는 강연에도 여러 번 참석했습니다. 머리에 지식이 쌓일수록 가슴에 응어리가 쌓여 갔습니다. 그러나 머리부터 가슴까지는 왔는데 발까지 가기에는 제 능력이 부족하다고 생각했습니다. 전기를 아껴 쓰는 것 외에는 저 혼자서 할 수 있는 일이 없었습니다. 그래서 친구들을 모아 동아리를 만들어 볼까 생각만 하고 있었는데 이치우 할아버지께서 제 계획에 액셀을 밟으신 겁니다.

밀양 - 송전탑 - 탈핵 - 환경이라는 연결 고리를 가지고 저는 학교 친구들과 지역을 위한 환경 동아리를 만들기로 결심했습니다. 가입 신청서를 돌리자 신청자가 너무 많이 몰려 선착순으로 25명만 뽑았답니다. 신청서에 가입 동기를 적도록 했는데 송전탑 이야기가 대부분이었습니다. 아이들이 그동안 송전탑을 막기 위해 뭐라도 하고 싶어 했다는 걸 느끼는 순간이었죠. 이렇게 해서 '불량 학생' 클럽 NATURE[나뚜레:]가 탄생했습니다. 나뚜레 회원의 90% 이상은 3학년 학생입니다. 무한 경쟁 사회의 첫 관문인 입시 전쟁을 치르며 몸과 마음이 지칠 법한데도 열렬히 호응해 주었습니다. 선생님의 눈을 피하려고 주말을 아껴 공부 대신 동아리 활동을 했습니다. 부족하면 점심시간을 반납했습니다. 공부, 성적, 명문대만을 바라는 학교 안에서, 결과를 바라지 않고 무턱대고 열정을 쏟아 붓는 저희가 바로 '불량 학생'이 아닐까요.

고딩, 교실을 뛰쳐나가다

송전탑 문제를 해결하기 위해 가장 먼저 한 일은 무지와 싸우는 것이었습니다. 동아리에서 첫 토론을 하면서 남에게 뭔가를 요구하기엔 저희가 너무 아는 게 없다는 것을 깨닫게 되었습니다. 사실 송전탑과 주민들의 투쟁을 다루지 않은 언론도 문제이지만 주민들의 무관심도 사태가 이렇게까지 되는 데 한몫했습니다. 하지만 무관심했던 과거에 미안함을 느끼는 사람도 극소수일거란 생각에 책임감을 느낀 저희는 더욱 열심히 배우기 시작했습니다. 자료를 공유하고 의견을 나누며 서로에게 배웠습니다. 동아리 안에서도 찬성과 반대가 나뉘었고 많은 논쟁이 있었습니다. 효율성과 형평성이라는 가치판단의 문제부터 밀양 송전탑의 원인이라 할 수 있는 핵발전에 대한 찬반까지 팽팽한 의견 대립이 이어졌습니다. 일례로, 송전탑이 불가피하다는 쪽에서는 송전탑의 대안으로 거론되는 초전도 케이블이 충분히 개발되지 않았고 경제적으로 비효율적임을 근거로 들었습니다. 반면 송전탑은 절대 불가하다는 쪽에서는 이로 인해 주민들과의 갈등이 계속될 것이고, 송전탑 자체의 위험성 때문에 결과적으로 사회적 손실이 더 클 것이라 보았습니다. 그러나 송전선로를 건설하는 과정에서 주민들의 피해를 최소화하려는 노력이 없었다는 데에는 공통된 의견을 보였습니다. 서로의 의견을 조율하는 과정에서 송전탑 문제를 다양한 시각에서 살펴볼 수 있었습니다. 수업 시간에는 기대할 수 없는 장면이었습니다. 진정한 의미의 자율학습이고 계발 활동이지요. 나뚜레 활동을 하면서 저희는 학교가 가르쳐 주지 않는 사회의 이면을 스스로 찾고 개선하려 노력하면서 온전한 시민이 될 수 있었습니다. 시험이 아니라 사회를 위해 수학 능력을 발휘할 수 있는 교양인으로 거듭난 것입니다.

여러 이유에서 모두들 송전탑을 막아야 한다는 의견에 동의했고 분신대책위를 돕기로 했습니다. 배움에서 끝나는 것이 아니라 직접 행동하기 위해 힘을 모으자는 것이 동아리의 취지였기 때문입니다. 하지만 아는 것과 행동하는 것은 달랐습니다. 공부하기 바빠서 그럴 수도 있지만 적어도 나뚜레 친구들에겐 해당되지 않는 이유 같습니다. 친구들은 분신대책위에서 주최하는 집회나 촛불문화제가 있어도 집회·시위 문화에 익숙하지 않아 참여하길 꺼렸습니다. 민주화운동이나 파업 농성을 떠올리고는 지레 겁을 먹었습니다. 정치적인 데 휘말리기 싫다는 친구들도 많이 있었습니다. 송전탑반대운동은 탈핵운동과도 연계되어 있어서 반대운동에 참여하는 분들 중에는 여당에 비판적이거나 진보 성향을 가진 사람이 많습니다. 그래서 정치에 회의적인 학생들은 송전탑이나 탈핵이 환경 그 자체로서 이슈가 되지 못하는 것을 부정적으로 인식했습니다. 운동에 적극적으로 나서지 말고 정치적 중립을 지키자고 주장하는 친구도 있었습니다. 이렇듯 분신대책위를 돕기로 결정하고도 여러 의견이 있었지만 나뚜레는 동아리에서 제안된 활동들을 회원들이 선택적으로 지지할 수 있다고 운영 원칙에 정해 놓았기 때문에 서로 강요하는 일 없이 모두 각자의 방법으로 송전탑반대운동에 참여하고 돕기로 했습니다.

진실을 알리는 일은 정말로 쉽지 않았습니다. 분신이 아니라 과실사로 아는 어른들에게, 송전탑을 에펠탑으로 아는 동생에게, 핵발전이 친환경이라 생각하는 친구들에게 끊임없이 진실을 외쳐야 했습니다. 한번은 한 아주머니가 제 또래의 딸들에게 이치우 할아버지의 분신은 사실 불을 쬐다 불이 몸에 옮겨 붙어 생긴 실수라며 들은 소문대로 이야기해 주고 있더군요. 저는 경찰이 분신을 과실사로 덮으려 한다는 사실을 말해 주며 사태의 심각성을 역설했습니다. 하지만 아주머니는 "홧김에 자살한 것이겠지" 하며 진실을 거부했습니다. 친구들 이야기를 들어 보니 자기들 부모님도 다들 과실사로 아신다면서 이제는 번번이 고쳐 주기도 지친다고 했습니다. 잘 알지도 못하면서 이치우 할아버지의 행적을 폄훼하는 말을 퍼뜨리는 사람도 있었습니다. 비판보다 무지가 더 무섭다는 걸 느끼는 순간이었습니다. 약자에겐 아는 것이 힘인데 오히려 진실을 알리려는 저희를 나무랐습니다. 진실을 받아들일 준비가 안 된 곳에서 진실은 거짓보다 약했습니다.

학생이라는 신분 또한 저를 주저하게 했습니다. 학생이란 이유만으로 카메라 세례를 받았고 시선이 집중되었습니다. 청소년의 참여가 희망, 정의, 저항의 상징으로 보이기 때문에 주목받을 수밖에 없다고 생각합니다. 하지만 저는 아무것도 안 했는데 꽤나 중요한 역할을 한 듯한 착각이 들게 만드는 것은 불편하기도 했습니다. 강연이나 집회 현장에서 항상 "고등학생이야?" 하는 질문을 받는데 꼭 '공부 안 하고 여기에서 뭐하니?' 하는 말 같아 불안하기도 했습니다. 학생은 학교에서 공부하고 있어야 한다는 생각이 무의식적으로 머리에 콕 박힌 게 틀림없습니다. 진짜 불량 학생이 된 듯이 부끄럽기도 했습니다. 저녁에도 주말에도 공부로부터 완전히 자유로워 본 적이 없기에 이런 일탈에도 초조함을 느꼈습니다. 선생님이 지나가다 보시면 어떡할지, 부모님이 날 어떻게 생각할지 오만 가지 생각이 들었습니다. 아직은 사사건건 부모님의 간섭을 받고 잘못을 저지르면 학교가 책임져야 하는 나이라 조

2012년 2월 1일.
故 이치우 열사 분신대책위 출범식에 나뚜레 친구들과 함께
송전탑 건설과 핵발전을 반대하는 피켓을 만들어 참여했다.

ⓒ한다솜

심스러울 수밖에 없었습니다.

여러 장애에도 불구하고 여기저기 돌아다니며 고군분투했습니다. 분신대책위 발대식에서 생애 첫 시위를 경험했고 국회의원과 사진을 찍는 특혜도 누렸습니다. 필요하다면 집 앞이든 부산이든 어디든지 가서 강연을 들었습니다. 기발한 아이디어로 발랄한 도발을 하기 위해 머리를 싸매기도 했습니다.

탈핵희망버스

4년 전, 밀양 거리는 온통 765라는 숫자로 덮였습니다. 지나가는 택시마다 '765kV 반대'가 쓰인 노란 깃발이 달려 있었습니다. 모두들 송전탑이 세워져서는 안 된다고 말했습니다. 그런데 몇 년이 지난 지금 분신 사건이 생겼는데도 어른들은 안타깝다는 말만 되풀이할 뿐, 송전탑을 막아야 한다는 생각에까지는 미치지 못하는 것 같습니다. 송전탑반대운동에 참가하면서 느끼는 것은 밀양 시민들이 더 이상 송전탑 문제를 자신을 향한 위협으로 인식하지 않는다는 것입니다. 이제 송전탑은 일부 시민단체와 송전탑이 건설되는 지역 주민만의 문제가 되었습니다. 고독한 싸움 속에서 절실한 것은 연대였습니다.

그런 절실함에 화답하듯 지난 3월 17~18일에 많은 사람들이 탈핵희망버스라는 이름의 버스를 타고 밀양에 모였습니다. 부산

한진중공업을 향해 달린 희망버스가 85호 크레인 위의 김진숙 지도위원을 응원한 것처럼 이곳에서도 희망의 불씨를 심어 주길 바랐습니다. 지역 곳곳에 포스터가 붙었지만 사람들이 많이 올까 의심되기도 하였습니다. 그래서 동아리 과제를 제출하지 않은 회원에게 포스터를 지인들에게 퍼뜨리는 벌칙을 주기도 하고 인터넷에 홍보 영상도 올렸습니다.

당일 아침, 분신대책위에 참여하고 계신 이계삼 선생님으로부터 맛있는 거 준비했으니 애들한테 이야기 좀 많이 해 달라는 연락을 받았습니다. 모의고사가 며칠 안 남은 토요일인데다가 날씨도 안 좋아서 밖에 나가고 싶은 기분이 아니었을 법도 한데 10명의 친구들이 이치우 열사 추모문화제가 열리기로 한 야외 공연장에 모였습니다. 선생님께서는 전교생을 데리고 갈 듯 자신만만했는데 별로 안 모여서 죄송한 마음이었습니다. 그러나 다행히 각지에서 정말 많은 사람들이 와 있었습니다. 400여 명 정도가 모일 것으로 예상했는데 신문 기사를 보니 이날 1,000여 명이나 모였다고 합니다. 보이지 않던 같은 편을 직접 보는 소중한 경험이었습니다. 멀리서 응원해 주는 사람이 있다는 것을 직접 확인하니 든든했습니다.

비가 와서 그런지 추모문화제 초대 가수인 굴렁쇠 아이들의 노랫소리가 더 감동적으로 들렸습니다. 기교 없는 순수한 선율이 밀양강을 따라 멀리멀리 흘러갔으면 좋겠다고 생각했습니다. 노래

공연이 끝난 뒤에는 밀양 송전탑 사태를 다룬 다큐멘터리를 보았습니다. 다 안다고 생각했는데 새로 알게 된 내용도 있었습니다. 밀양에 살면서도 외곽 지역은 갈 기회가 별로 없었기 때문에 송전탑이 세워지는 마을을 본 것은 사실 처음이었습니다. 같은 밀양에 살면서도 우리가 얼마나 먼 사이였는지 새삼 깨달았고, 그래서 아무 연고도 없이 찾아와 준 탈핵희망버스 참가자들이 더욱 고맙게 느껴졌습니다.

탈핵이라는 공통된 뜻을 위해 모인 사람들은 모두 똑같은 표정을 하고서 관객석에 앉아 밀양의 밤을 보냈습니다. 같이 간 친구들은 추모문화제를 보고 나서 아쉬운 마음을 감추지 못했습니다. 타지에서 온 사람이 더 많은 것을 보고 정작 밀양 사람들은 관심이 없다는 게 안타깝다고 했습니다. 젊은 사람들이 별로 없어서 아쉬웠다는 친구도 있었습니다. 한 친구는 다른 학교 친구를 데려왔는데 친구가 추모문화제에 참석하는 것을 무서워했다며, 이래서 청소년들이 참여를 잘 안 하는 것 같다고 전했습니다. 하지만 모두들 가족처럼 따뜻한 분위기에서 한마음, 한뜻으로 송전탑 반대를 기원하는 의미 있는 시간을 보냈다고 했습니다.

둘째 날에는 탈핵희망버스 참가자들이 할아버지, 할머니들이 죽을힘으로 막아 낸 평밭마을로 가서 나무를 심었다고 합니다. 저희는 교통편을 구하지 못해 가지 못했지만 나무에 달 노란 리본을 꾸미고 희망의 메시지를 적었습니다. "아이들에게 핵 없는 세상

2012년 3월 18일.
탈핵희망버스 참가자들이 벌목된 송전탑 예정 부지에 희망의 나무를 심고 있다. 참가자들은
희망의 나무에 송전탑 반대와 탈핵의 의지를 담은 글을 써넣은 리본도 함께 달았다.

ⓒ최승훈

을", "화르륵 성냥 하나 그 정신을 기리며" 등 예쁜 그림과 함께 우리의 소망을 전했습니다. 학교에서는 모금운동을 해서 후원금을 모았습니다. 조금이나마 도움이 됐으면 한다면서 내일 더 내도 괜찮겠냐고 물어보는 친구도 있었고, 언니가 맡겨 둔 돈을 몰래 기부하는 쌍둥이 동생도 있었습니다. 옆 반 반장더러 모범을 보이라면서 강제로 기부를 시켰더니 며칠 후 자발적으로 반 친구들에게서 후원금을 걷어 왔더군요. 후원금 기부를 마감하고 나서 동아리 회원들에게 보고할 때 왜 자기에게는 알려 주지 않았냐며 안타까워하는 친구도 있었습니다. 모금운동을 하면서 동아리 밖의 아이들에게 송전탑 문제를 알리기도 했습니다. 얼마 안 되는 금액이지만 모두 매점 한 번 안 가는 대신 돈을 조금씩 기부했습니다. 지금은 커피 한 잔 뽑을 정도의 돈밖에 못 내지만 저희가 어른이 되었을 때는 더 큰 힘이 되어 드릴 겁니다.

긴 여름을 지나, 끝나지 않는 싸움

총선이 끝난 지 일주일도 채 안 되어 한전은 공사를 재개했습니다. 들끓던 여론이 조용해지니 다시 칼을 겨눈 것입니다. 재선에 성공한 여당의 당선자는 아무 말이 없었습니다. 역시 끝까지 책임지겠다던 약속은 선거용이었나 봅니다. 19대 국회에서 송전탑이 논의거리가 되지 않을 것은 물론 주민들의 기대가 서서히 짓

밝힐 게 불 보듯 뻔했습니다. 그동안 노력한 게 헛수고가 된 것 같아서 힘들었습니다. 희망버스 참가자들이 심었던 묘목이 아름드리나무가 되길 기대하는 우리의 마음이 헛된 꿈이 되지 않기를 기도했습니다.

4월 말에 다시 탈핵희망버스가 왔고 지친 주민들에게 정말 큰 힘이 되었습니다. 한전이 공사를 재개하지 않도록 여론을 형성하기 위한 노력입니다. 실질적인 대안을 모색하고 공사를 멈춘 다음 대화의 시간을 벌어야 했습니다. 당시엔 나뚜레도 주체할 수 없는 혈기를 어떻게 잘 분출할지 고민했습니다.

그러나 올해 여름은 유난히 더웠습니다. 빽빽이 내리쬐는 태양 앞에 쉬이 무릎을 꿇을 수 없는 것은 곧 수능을 맞이할 수험생이기 때문만은 아니었습니다. 과도한 냉방 기기 사용으로 인해 대규모 정전 사태가 벌어졌고 탈핵은 안 된다는 주장이 힘을 얻게 되었습니다. 즉시 핵발전소를 폐쇄하자는 게 아니라 충분한 시간을 두고 대체에너지를 개발하자는 저희들의 주장보다 핵발전을 찬성하는 쪽으로 여론이 기우는 것 같아 답답했습니다. 모범적인 절전으로 올여름을 핵발전 없이 보낸 일본과 비교하니 시민의식이 얼마나 중요한지 깨닫게 되었습니다. 핵발전이 민주주의와 얼마나 밀접하게 관련되어 있는지 알 수 있는 대목이었습니다.

이치우 할아버지의 분신 사태로 잠시 휴전되었던 상황도 한전의 기습 공격으로 다시 충돌 국면을 맞았습니다. 할머니, 할아버지들이 아픈 다리로 힘겹게 오른 산을 그들은 헬리콥터로 쉽게 오르며 무시무시한 소리로 협박했습니다. 허약한 노구가 폭염에 하나 둘 쓰러져도 공사를 기어코 하겠다는 저들의 목표는 변하지 않는 듯했습니다. 그 목적을 이루기 위해 수단과 방법을 가리지 않았습니다. 시의원 폭행, 감금 폭행 등 약자에 대한 배려라고는 눈곱만큼도 찾아볼 수 없었습니다. 이러한 폭거 속에서도 어르신들은 희망을 잃지 않고 버텼습니다. 최악의 폭염 속에서도 주민들은 단식 농성을 이어 갔습니다. 이 눈물겨운 방어전 끝에 밀양의 4개 면에는 여름내 한 개의 송전탑도 세워지지 않았습니다. 공사는 중단되었지만 피해자들과 주민들은 아직 고통 속에 있습니다.

우리에게 희망을 주세요

태양이 주민들의 전의를 불태우는 동안 저는 마음으로 응원할 수밖에 없었습니다. 입시라는 또 다른 폭력에 맞서야 했으니까요. 1등만 원하는 세상에서 제 친구들은 99%가 되지 않기 위해 밤낮 없이 공부했습니다. 모두들 1%가 되어야 행복해질 수 있다고 믿는 곳이 바로 학교입니다. 누구나 명문대에 들어갈 수 없고 대기업에 입사할 수 없다는 걸 알지만 약자에게 선택권이란 없습니다. 모든 게 경쟁이고 아무도 믿지 못하는 불신 시대에 정부는 올 한 해 학교폭력 근절에 총력을 기울였습니다. 누가 진짜 '일진'인지 알지도 못하면서 말입니다. 수능이 끝난 후 친구들과 이야기를 나누다 보면 이제 청춘을 마음껏 즐길 설렘보다는 걱정과 불안과 무력감이 묻어났습니다.

어쩌면 입시 지옥의 우리들과 송전탑 부지의 주민들은 같은 병을 앓고 사는지도 모릅니다. 경쟁을 부추기며 친구를 적으로 만드는 사회, 송전탑을 세워 마을과 마을을, 사람과 사람을 뿔뿔이 흩어지게 하는 사회. 모두가 공존하는 세상은 언제쯤 올지, 아직은 전쟁의 끝이 보이지 않습니다.

다시 겨울이 찾아왔습니다. 초조하지 않다고 말하면 그건 거짓말이겠지요. 마음이 약해지면 안 되지만 가끔 창문 밖으로 송전탑이 불쑥불쑥 솟아오르곤 합니다. 주민들의 치열한 반대 속에서도 송전탑 건설은 현재 진행형이라는 사실을 잊지 말아야 합니다. '뭉치면 살고 흩어지면 죽는다.' 송전탑반대운동을 하는 내내 떠오른 말입니다. 지금 상황에선 힘을 모으자고 말하는 것 외에 할 수 있는 게 없습니다. 올 한 해 우리의 작은 연대가 만들어 낸 큰 승리를 보며 다시금 희망을 품습니다. 삶에 대한 절박함이 있기에 우리는 이 전쟁에서 결코 패배하지 않을 것입니다.

거리에서 희망을 찾다

02

죽음이 아닌 희망을 위해 함께한 쌍용차 투쟁기

유호준 | 경기 동두천외고

dla340217@naver.com

동두천외고 중국어과 학생입니다.

고3이지만 공부는 가끔 합니다.

마음 가는 대로, 가슴이 시키는 대로 살고 싶습니다.

대한문 쌍용차 분향소에서 '나름' 연대하고 있습니다.

항상 씩씩해 보여도 나름대로 감성적이고 마음이 여린,

눈물이 많은 18세 소년입니다.

새벽 2시 대한문, 사회적 타살로 돌아가신 스물두 명의 쌍용차 노동자분들을 추모하는 분향소에서 이 이야기를 시작하려 합니다. 저는 이 이야기를 무겁게 하지 않으려 합니다. 아마도 그것이 제가 이 이야기를 시작할 때 저에게 다짐한 것일지도 모릅니다.

밤에 분향소에서 잠을 잘 때가 많습니다. 그럴 때마다 저는 이런 말을 하곤 합니다. "쌍용차 분향소가 아니었으면 제가 언제 덕수궁 돌담 옆에 누워 서울광장을 마당으로 삼고 환상의 스카이라인과 함께 잠을 잘 수 있겠어요." 그렇습니다. 아마 이런 경험을 할 수 있는 사람은 대한민국에서 많지 않을 것입니다. 덕수궁 돌담 옆에 누워 잘 수 있는 선택받은 자들 중에 제가 있다는 사실에 감사하며 글을 시작합니다.

2,646, 77, 22

'2,646, 77, 22' 이 숫자들은 쌍용차 사태를 설명하는 숫자입니다. 2009년, 사측이 2,646명을 정리 해고하려는 것에 맞서 노동자들은 쌍용차 평택 공장에서 77일간 옥쇄 파업 투쟁을 진행하였습니다. 그리고 정리 해고 단행 이후 3년 동안 무려 스물두 명의 노동자와 가족들이 목숨을 잃으셨습니다.

현행법상 정리 해고는 '경영상의 급박한 이유'라는 아주 모호한 요건만 갖추면 합법으로 인정됩니다. 누군가의 생계를 빼앗는 일이 어쩌면 이렇게도 쉬울 수가 있는지 모르겠습니다. 당시 쌍용차의 대주주였던 상하이자동차는 대주주로서는 이례적으로 법정 관리를 직접 신청했습니다. 그리고 이후 말도 안 되게 낮게 평가된 회사의 자산 가치를 바탕으로 삼일회계법인과 삼정KPNG를 통해 대규모 정리 해고가 전제된 회생 계획서를 제출하였습니다. 정리 해고의 근거가 된 보고서의 자산 평가 내용은 지금도 계속해서 조작 의혹을 받고 있지만 진상 조사는 이루어지지 않고 있습니다.

이렇게 부당하고 억울한 정리 해고에 맞서 쌍용차의 노동자들은 "함께 살자!", "해고는 살인이다!", "정리 해고 철회하라!"를 외치며 옥쇄 파업 투쟁에 돌입했습니다. 그러자 회사는 이른바 '산자(정리 해고 명단에 포함되지 않은 이들)'를 동원해 관제 데모를 하고 용역 깡패들을 불러 노동자들을 폭행하는 등 악랄한 수법을 통해 노동자들을 탄압했습니다. 뭐, 회사는 그렇다고 칩시다. 그런데 경찰로 대변되는 공권력은 어떻게 봐야 할까요? 헌법 제7조에 분명 '공무원은 국민을 위해 봉사하는 자'라고 나와 있는데도 그들

2012년 4월 28일.
대한문 앞 쌍용차 희생자 분향소. 쌍용차 노동자들의 삶은 정리 해고에 맞서
옥쇄 파업에 돌입한 2009년 7월에 멈춰 있다.

ⓒ최승훈

은 경찰특공대에, 대테러 진압 무기인 테이저건까지 동원해 노동
자들을 진압했습니다. 투쟁하는 노동자들도 엄연히 국민인데 노
동자들을 상대로 이러한 무기를 사용한 것은 이 정부, 이 공권력
이 노동자들을 국민으로서 대우하지 않고 있다는 의미입니다. 그
런데 인권침해, 과잉 진압이라 비판받은 이 진압이 올해 3월, 전
국의 수사 경찰관들이 뽑은 우수 수사 사례 5위로 선정됐습니다.
눈물이 납니다. 살고 싶다는 노동자들의 절규를 무참히 짓밟은 진
압이 우수 사례로 뽑혔습니다. 당시 경기경찰청장으로서 진압 작
전을 진두지휘한 조현오 전 경찰청장은 사과 한마디 없습니다. 이
런 사람들도 버젓이 살아 있는데……, 노동자분들은 벌써 스물두
분이나 돌아가셨습니다. 공지영 작가님의 말씀대로 쌍용차 전부
를 준다 해도 이제 살아 돌아올 수도 없는데 말입니다.

외면할 수 없는 절규를 듣다

제가 처음부터 쌍용차 문제에 관심을 가졌던 건 아닙니다. 오랜
외국 생활을 마치고 한국에 돌아왔던 2009년 7월, 그때 쌍용차
평택 공장에서는 정리 해고에 맞선 쌍용차 노동자들의 옥쇄 파업
이 진행되고 있었습니다. 뉴스에 파업 상황이 간간이 보도되긴 했
지만, 당시 저는 그저 아이돌 그룹의 신곡 발표나 프로야구에 관
심을 쏟으며 외고에 진학하고자 책상머리에 앉아 공부하는 시늉

이나 내는 부끄러운 시간을 보내고 있었습니다.

그리하여 외고 진학에는 성공했는데, 외고에서 상상을 초월하는 비합리적이고 불공평한 처사들과 마주해야 했습니다. 그래서 학생인권운동에 함께하기 시작했습니다. 학생인권운동을 통해 서울대학교 법인화 반대 투쟁을 우연히 알게 돼 연대 활동도 하였고, 이 투쟁을 통해 만난 여러 동지들과 지난해 희망버스에도 참여하게 됐습니다. 쌍용차 노동자들의 투쟁을 제대로 알게 된 건 이때였습니다. 희망버스를 통해 지나가는 뉴스로만 들었던 쌍용차 문제가 수많은 죽음을 낳았다는 사실을 알게 됐습니다. 그럼에도 정부나 회사는 어느 누구도 나서서 이 문제를 해결하려 하지 않고 있다는 것도요. 분노를 참을 수 없었습니다. 그래서 계속되는 죽음을 막고 싶단 마음에 크리스마스이브에 열린 1차 희망텐트에 참여했습니다. 그때 저는 순진하게도 1차, 2차, 3차 희망텐트를 이어 가다 보면 문제가 해결되리라, 더 이상의 죽음도 없으리라 생각했습니다. 그러나 지난 3월, 또다시 비보를 들어야만 했습니다. 스물두 번째 죽음이었습니다. 소식을 듣고 학원 수업을 마친 뒤 학교 기숙사로 돌아가던 그날 밤 마침 비가 왔습니다. 우산도 없이 비를 맞으며 터벅터벅 걸어가던 제 모습 속에 눈물이 있었을지도 모르겠습니다.

희망텐트에 참여해 투쟁 중이신 노동자분들도 직접 뵙고, 노동자분들이 어떠한 탄압을 경험했는지, 얼마나 많은 분들이 목숨을 잃었는지, 얼마나 힘겨운 싸움을 이어 나가고 계시는지 알게 되었는데도 부끄럽게도 제 삶은 금세 고3의 일상으로 돌아와 버렸습니다. 대한문 옆의 중국어 학원에 다녔던 저는 스물두 번째 고인을 추모하는 분향소가 대한문에 차려진 이후에도 매일매일 학원에 가기 위해 분향소를 지나쳤고, 또 외면하고자 했습니다. 고3이라는 이유로, 아직 어리다는 이유로, 할 수 있는 것이 없다는 평계로 말입니다. 그래도 가끔 들러 인사를 드리고 오곤 했는데, 어느 날 제가 외고 중국어과라는 것을 기억하고 계시던 분께서 분향소를 소개하는 글을 중국어로 번역해 줄 수 있느냐고 부탁하셨습니다. 어려운 일도 아니고 해서 그분의 부탁을 흔쾌히 받아들였는데 예상하지 못한 어려움에 부딪혔습니다. 번역하는 게 어려웠던 것은 아니었습니다. 몇 줄 안 되는 글을 번역하는 것이 어려운 일은 아니니까요. 하지만 글 속에서 마주한, 공권력에 의해, 자본에 의해, 이 사회에 의해 죽임을 당하신 스물두 분의 노동자들의 이야기에 충격을 받았습니다. 살아남은 분들의 외롭다는 절규, 더 이상 죽이지 말라는 절규, 공장으로 돌아가 일하고 싶다는 절규를 더 이상 거리를 두고 지켜보기만 할 수 없었습니다. 사람이 죽어가고 있는데 혼자 입시 경쟁에서 승리하겠다며 책상에 앉아 무의미한 문제 풀이만 하고 있을 수 없었습니다. 그렇게 저의 본격적인 연대 활동은 시작되었습니다.

내 나이 열여덟, '시민 상주'가 되다

본격적으로 연대 활동을 하기로 다짐한 후, 4월 28일 대한문 분향소에 시민 상주로 참여했습니다. 제 기억으로는 그날 저 외에도 조희주 노동전선 대표님, 〈경향신문〉 이효상 기자님께서 시민 상주로 함께하셨던 걸로 기억합니다. 시민 상주로서 제가 할 일은 그저 분향소에 앉아 조문객을 맞고 거리에서 선전전을 하고 간간이 청소를 하는 것뿐이었습니다. 그러다 몇 시간 후 고양외고에서 2명의 친구가 분향소를 방문했는데 무척 반가웠습니다. 또래 친구들이 분향소를 방문했다는 것에 무언가 위로를 느꼈습니다. 그 친구들과 저녁에 한대련에서 진행하는 집회에 참석하여 발언도 하고, 이효상 기자님, 고동민 동지와 함께 침낭 간담회도 가졌습니다. 분향소에서 잠을 청하는 것으로 그날 일정은 끝났는데, 이날 함께하며 깨달은 것들이 참 많았습니다. 쌍용차 노동자분들의 투쟁에 관심을 가지고 함께하고자 하는 학생·청소년들도 많다는 것, 고작 단 한 사람의 연대일지라도 누군가에게는 그 자그만 행동이 희망을 밝힐 불쏘시개가 될 수도 있다는 것. 하지만 그날 깨달은 가장 중요한 사실은 김정우 지부장님과 고동민 동지와는 되도록 최대한 떨어져서 자는 것이 좋다는 것이었습니다. 그날 밤 저는 마치 양옆으로 철도가 지나가는 것과 같이 우렁찬 두 분의 코 고는 소리에 괴로워하며 자야 했습니다.

5월 19일에는 스물두 번째로 돌아가신 故 이윤형 조합원의 49재
가 범국민추모대회로 서울역 광장에서 진행되었습니다. 그날 아
침부터 쌍용차 동지들은 범국민추모대회 준비로 바쁘셨고, 저도
저 나름대로 다른 동지들과 투쟁 기금 마련을 위해 신영복 선생님
이 친필로 써 주신 전태일 열사 일기 복사본을 판매할 준비를 했습
니다. 같은 장소에서 범국민추모대회 바로 앞 시간에 진행된 전교
조 전국교사대회 때부터 부스를 설치하고 쌍용차 해고 노동자들의
생계비와 투쟁 기금 마련을 위한 CMS 후원을 받고, 신영복 선생님
께서 써 주신 글을 판매하고, 용산 참사의 책임자인 김석기와 쌍용
차 진압의 책임자인 조현오를 구속하라는 서명을 받았습니다. 생
각보다 많은 분들이 참여하고 응원해 주셔서 감사했습니다.

전국교사대회가 끝나고 본격적으로 범국민추모대회가 시작되
었습니다. 백발을 휘날리며 투쟁에 함께하고 계신 백기완 선생
님부터 쌍용차 노동자들의 어린 자녀들까지 남녀노소 수많은 시
민과 노동자들이 자리를 지켰습니다. 이날 "죽음에 죽음을 선언
한다"고 외치는 고동민 동지의 모습을 보면서 스물세 번째 죽음을
막고자 이 자리에 모인 수많은 이들의 의지와 염원을 느낄 수 있
었습니다. 서울역 광장에서 집회를 마무리한 후엔 스물두 분의 죽
음을 상징하는 스물두 개의 관과 그 죽음을 추모하는 만장을 앞에
세우고 대한문까지 행진을 시작했습니다. 그러나 분명 신고를 했
고 아무런 문제가 없었음에도 불구하고 경찰은 연신 경고 방송을

2012년 4월 28일.
밤이 되면 대한문 앞 쌍용차 희생자 분향소에는 시민들의 발걸음이 이어진다.
우리 모두 노동자이고 같은 아픔 속에 살아가고 있기 때문이다.

ⓒ최승훈

쏟아 내며 고인을 추모하는 일마저 방해하였습니다. 물론 그런 방해에 굴하지 않고 우리의 대오는 흔들림 없이 대한문으로 향했지만 말입니다.

고인을 짓밟는 극악무도한 동방예의지국의 공권력

5월 24일엔 남대문경찰서 경비과장 최성영의 지휘로 경찰이 대한문 분향소를 강제 철거했습니다. 영정 사진을 짓밟고 쓰레기차를 불러 분향소 물품을 거둬 갔습니다. 이는 대한민국의 공권력이 스물두 분의 고인을 짓밟은 것과 다름없습니다. 세상에 어떻게 이런 일들이 일어날 수 있나요? 죽음을 추모하는 것이 범죄입니까? 그들은 분향소가 대한문을 찾는 관광객들에게 혐오감을 준다고 말했습니다. 그러나 그런 말을 하는 이들이 부당한 정리 해고에 맞선 노동자들의 투쟁을 국가가 폭력적으로 진압해 국민들에게 부끄러움을 가져다준 것에 대해선 어떻게 생각할지 궁금합니다.

이날 트위터를 통해 분향소 강제 철거 소식을 듣고는 도저히 학교가 파할 때까지 기다릴 수 없었습니다. 바로 교실을 뛰쳐나와 대한문으로 향했습니다. 학교에서 대한문까지의 한 시간이 얼마나 길게 느껴졌는지 모르겠습니다. 대한문에 도착하고 분향소가 있던 자리에 아무것도 남아 있지 않은 모습을 본 순간 눈물이 터져 나왔습니다. 분향소에 갈 때마다 늘 끝까지 분향소를 지켜 내겠다고 다짐했는데, 정작 분향소가 침탈당할 땐 꼭 3년 전처럼 책상머리에 앉아 태평하게 공부나 하고 있었던 제 자신이 부끄럽고 화가 났습니다. 이날 울면서 다짐했습니다. 이기겠다고! 꼭 함께해서 승리해야겠다고!

오후가 되자 저희는 다시 천막을 쳤습니다. 열심히 저항했지만 경찰은 천막을 또다시 철거했습니다. 그러나 시간이 흐르면서 점점 많은 분들이 대한문으로 모여 경찰의 행위를 규탄했고, 같이 힘을 모아 결국 천막을 다시 설치하였습니다. 이것이 우리의 힘이란 생각이 들었습니다. 이런 힘들이 모여 언젠가는 쌍용차 투쟁이 승리할 것이고, 이 사태에 대해 마땅히 책임을 져야 할 이들은 자신들이 지은 죄에 맞는 벌을 받게 될 것입니다.

희망과 연대의 날

6월 16일에는 쌍용차 범대위와 〈경향신문〉이 공동으로 주최한 '6.16 희망과 연대의 날, 함께 걷자, 함께 살자, 함께 웃자' 행사가 열렸습니다. 축제처럼 진행된 문화제가 끝나고 우리는 여의도공원에서부터 행진을 시작했습니다. 그러나 분명 집회는 허가제가 아닌 신고제인데도 경찰은 여의도공원에서부터 행진을 막아섰고, 마포대교 앞에서는 헌법재판소도 집회·결사의 자유를 과도하게 침해할 수 있다고 인정한 차벽까지 동원했습니다. 경찰은 경고 방송

중 우리 때문에 다른 시민들이 고생한다며 '빨리 가정으로 돌아가라'고 했습니다. 그들은 우리가 무슨 불륜 관계라도 되는지 아나 봅니다.

어쩔 수 없이 우리는 여의나루에서 지하철을 타고 공덕역으로 이동했고 공덕역에서 다시 인도로 나와 행진을 시작했습니다. 그러자 또 경찰이 인도를 막아섰습니다. 집회·결사의 자유도 모자라 이제 보행권마저 침해한 것입니다. 도저히 이해할 수가 없었습니다. 사람이 인도로 가겠다는 것을 왜 막아설까요? 이 광경을 지켜보던 인도 옆 어느 가게의 사장님도 저희와 같은 마음이셨던지 경찰에 전화를 걸어 왜 사람들이 인도로 걷는 것까지 허락하지 않느냐며 항의하셨습니다.

이 과정에서 시위대 4명이 경찰의 불법에 맞서 저항하다가 연행되는 등 우여곡절을 겪은 끝에 대한문에 도착했습니다. 변영주 감독님의 사회로 진행된 대한문 문화제는 쌍용차 조합원 자녀들의 난타 공연으로 시작해 흥겨운 분위기 속에 진행되다가 희망버스 관련 다큐멘터리 상영을 마지막으로 끝이 났습니다. 다음 날엔 또 다른 투쟁 사업장인 콜트콜텍을 찾아 다시 버스에 올랐습니다. 희망버스에서 쌍용차 투쟁으로, 그리고 콜트콜텍 투쟁까지 함께하면서 희망의 버스는 단지 어느 한 사업장의 투쟁만을 위한 것이 아니라 이 땅의 모든 노동자들을 위한 것임을 다시금 깨달을 수 있었습니다.

그러나 대한민국 교육의 현실

평범한 고3 학생인 저는 어쨌든 학교에서 많은 시간을 보낼 수밖에 없습니다. 그런데 학교에서 일어나는 일들을 보고 있자면 답답할 때가 많습니다. 작년 말 동두천의 한 여고생이 미군에게 성폭행을 당한 사건이 발생했습니다. 지역사회의 미군 반대 여론을 무마하고자 이런저런 행사들이 열렸는데, 하루는 미군 군악대가 저희 학교를 방문하여 공연을 했습니다. 그때 저희 학교 학생들이 그들을 향해 환호하고 박수치는 모습을 보며 마음 한편이 쓰려 왔습니다. 주변의 친구들은 제대로 된 사과와 반성 없이 이런 행사들로 여론을 바꿔 보려는 미군 쪽 태도에 대해 아무런 문제의식을 느끼지 않는 듯해 보였습니다. 그러나 안타깝게도 이것이 지금 한국 교육의 현실입니다. 지금 세상에서 어떤 일들이 벌어지고 있는지에 전혀 관심을 가지지 않는 것, 관심을 가지는 것 자체를 불온시하는 것이 현재 학교에서 벌어지고 있는 현실입니다.

멀리는 부산에서 있었던 희망버스부터 가까이는 미군의 동두천 여고생 성폭행 규탄까지 참 많은 투쟁에 함께해 왔습니다. 참 많은 사람들을 만났고, 참 많은 얘기를 들었습니다. 많은 분들이 저와 같은 청소년활동가를 보시면 대뜸 이런 말씀부터 하십니다. "기특하다." "대견하다." "너희가 희망이다." 하지만 청소년들이 투쟁에 함께하는 것은 결코 기특한 일이 아닙니다. 당연한 것입니다. 청소년이라 해서 이 사회와 동떨어져 섬처럼 존재하는 것은 아니니까요. 청소년도 이 사회를 구성하는 한 구성원이고, 그렇기에 사회에서 일어나는 일들에 관심을 갖고 함께하는 게 당연한 거죠. 하지만 투쟁 현장에 가면 제가 단지 '청소년'이란 이유로 비난을 듣는 경우도 많습니다. "나이도 어린 것이 공부나 해라"부터 해서 "공부도 못하는 것들이"로 시작하는 어처구니없는 비난, "너희 부모님은 너 이러고 다니는 거 아시느냐?(잘 아실뿐더러 제 선택을 존중하십니다)"며 마치 청소년을 부모님에게 딸린 부속품처럼 생각하는 듯한 말들도 서슴지 않고 합니다. 학교도 마찬가지입니다. 징계와 같은 수단을 동원해 현장에 가는 것을 방해하는 것은 기본이고, "학교 명예 더럽히지 마라", "네까짓 게 뭘 안다고 그러냐?", "대학이나 가고 나서 말해라" 같은 상식 이하의 말들도 거침없이 던집니다. 그래도 제가 당당히 맞서고 투쟁 현장에 계속 함께하는 이유는 유관순 열사, 김주열 열사와 같은 선배 청소년활동가들의 싸움이 당시 사회에 냈던 균열을 기억하기 때문입니다.

쌍용차 투쟁에 함께하며

쌍용차 투쟁에 함께하며 이전에 몰랐던 것들을 참 많이 알게 되었습니다. "특수고용 노동자도 노동자"라며 노동기본권을 보장받기 위해 1,600일 넘게 투쟁하는 재능교육 노동자들을 알게 되었고, "밤에는 잠 좀 자자!"며 파업을 시작한 유성기업의 노동자들, 8년째 투쟁하고 있는 코오롱의 노동자들, 부산 풍산마이크로텍의 노동자들도 알게 됐습니다. 그러면서 이 땅에서 노동자로 살아간다는 것에 대해 조금은 고민을 시작하게 됐습니다.

많은 사람들도 만났습니다. 제가 가장 본받고 싶은 존경스러운 신영철 동지, 항상 카메라를 들고 영상을 찍는 샛별 동지, 분향소에 매일 빵을 가져다주시는 전태일 열사의 동생 전태삼 동지, 책을 통해 저에게 위로를 주신 공지영 작가님, 그 밖에 변영주 감독님, 김진숙 지도위원님, 송경동 시인님, 방송인 김제동 씨와 김미화 씨, 심리 치유 공간 〈와락〉의 설계를 맡아 주시고 시간 날 때마다 분향소에 오시는 양창권 동지, '이모'라 부르라 하셨지만 아직은 입이 안 떨어지는 미정 이모와 이모 아들 규민이, 사회진보연대 정영섭 동지, 녹색당의 윤경민 동지, 이제는 저보다 더욱 열심히 분향소에 오고 있는 아리데를 비롯한 많은 청소년활동가들……. 그리고 그 어떤 분들보다도 쌍용차 동지들을 만나게 된 것이 저에게 너무나도 감사한 일입니다.

스물두 번째 죽음 이후 대한문에 분향소를 설치했을 때, 그리고 현수막 하나를 걸거나 천막 하나를 칠 때마다 사람들이 구급차에 실려 가고 닭장차에 잡혀 갔습니다. 우리는 흉기를 들여오려고 한 것이 아닙니다. 폭탄을 들여오지도 않았습니다. 단지 죽음에 맞선 투쟁을 더 많은 이들에게 알리고자 했을 뿐이고, 현장을 지키는 이들이 좀 더 나은 공간에서 생활하며 고인들을 추모할 수 있도록 하려 했을 뿐입니다. 정부와 자본은 아무래도 우리가 도시락과 물통을 폭탄으로 개조했던 윤봉길 의사의 후예라는 것을 명심하고 있는 듯합니다.

솔직히 말해서 쌍용차 투쟁에서 저의 힘은 매우 미미합니다. 오히려 별 도움은 못 드리면서 밥만 축내고 투쟁에 해가 되고 있을지도 모르겠습니다. 그렇기에 더욱 부탁드립니다. 죽음에 맞서 희망을 찾기 위해 싸우는 쌍용차 노동자들의 투쟁에 함께해 주세요! SNS를 통해 쌍용차 문제를 알리는 것도 큰 힘이 되고, 매달 일정 금액을 CMS로 후원해 주시는 것도 큰 힘이 됩니다. 그리고 무엇보다 매일 저녁 7시 대한문 분향소와 쌍용차 평택 공장 앞에서 진행되는 문화제에 함께해 주세요! 긴 싸움을 이어 가고 있는 노동자들이 더 이상 외롭지 않게, 죽음에 맞서 희망을 쟁취할 수 있게, 정리 해고 없고 비정규직 없는 세상을 위해…….

* 2012년 10월 8일 쌍용차 자본이 강요한 희망퇴직자 한 분이 투병 중 사망했습니다. 이로써 쌍용차 사태로 인한 희생자는 스물세 명으로 늘었습니다. 삼가 고인의 명복을 빕니다

2012년 12월 12일.
대한문 앞에는 쌍용차 희생자 분향소 외에 제주 해군기지 건설을 반대하는 강정마을 주민들,
용산 참사 희생자 유족들, 핵발전 정책에 반대하는 탈핵활동가들의 농성 천막 등
'함께살자 농성촌'이 들어서 있다. 함께살자 농성촌은 중구청의 철거 위협 속에서
추운 겨울을 맞이하고 있다.

ⓒ최승훈

"사람은 꽃이다, 노동자는 꽃이다"

03

희망버스, 기적을 향해 달리다

조우경 | 볍씨학교 졸업

dnrud6710@naver.com

2012년 2월, 초등학교 1학년부터 중학교 3학년까지

9년간 다니던 볍씨학교를 무사 졸업하고,

현재는 매번 실패하는 다이어트와 수능 공부를 주 활동으로

삼고 있으며, 독서실과 집을 행동 기지로 삼아

2014년에 있을 대전투를 준비하는 수험생입니다.

열일곱 살 여자 청소년이지만, 사회에 좀 더 힘 있는 목소리를

내고 싶은 마음에 체질에 맞지도 않고 한 번도 배운 적 없는

정규 학업 과정을 '공부'하며 악으로 버티고 있답니다.

※ 본문에 등장하는 친구들의 이름은 모두 가명입니다.

"선생님이 기사 뽑아 온 거 있으니까 돌려 가면서 읽어 봐."

2010년 12월 15일, 조남호 회장은 경영 악화를 이유로 한진중공업 생산직 근로자 400명을 퇴직시켰고, 이에 반발한 노조는 나흘간 '정리 해고 전면 철회'를 주장하였다. 그리고 2011년 1월 6일 김진숙 민주노총 부산본부 지도위원이 한진중공업 내의 85호 크레인 위로 올라가 고공농성을 하기 시작했다. 이 사건을 '한진중공업 사태'라고 부른다.

이들을 위로해 주기 위해 2011년 6월 11일 희망버스가 부산으로 향했다. 700여 명이 희망버스에 참여했고, 이들은 김진숙 지도위원이 올라가 있는 85호 크레인까지 갈 수 있었다.

기사에는 손을 흔들고 있는 김진숙 지도위원의 사진과 함께 1차 희망버스에 대한 글도 있었다. 한진중공업 사태가 뭔지 알려 주는 내용과 85호 크레인 아래서 커다란 천을 들고 서 있는 사람들의 사진도 함께 실려 있었다. 기사를 함께 읽던 친구들의 입에서 탄식과 비속어들이 쏟아졌다. 우리 반 아이들이 처음 알게 된 한진중공업 사태와 희망버스의 존재에 대해 각각 어떤 마음을 가지고 있었는지는 모르겠다. 하지만 적어도 이것 하나는 모두 알았을 것이다. 우리는 2차 희망버스를 타게 될 것이라는 것. 아니나 다를까, 선생님께선 우리에게 함께 희망버스를 타자고 제안하셨다. 시위라곤 FTA 반대 촛불집회에 참여한 게 전부였지만 우리는 주저 없이 희망버스에 오르기로 결심했다.

"선생님, 아빠가 허락 안 해 주시면 어떡해요? 안 해 주실 것 같은데……."

우리 반에서 제일 덩치 큰 대훈이가 말했다.

"네가 얼마나 가고 싶은지 말씀드려야지. 가서 희망버스가 뭔지 공부하고 오겠다고 그래. 바보야, 생각을 좀 해라!"

옆에서 기사를 읽던 소윤이가 한마디 던졌다.

"너희 집이랑 우리 집이랑 같냐? 아빤 분명히 양측의 입장을 들어 봐야 한다면서, 거기 가면 한쪽으로만 생각이 치우치게 될 거라고 그러실 거야. 안 봐도 뻔하다."

대훈이가 투덜거리며 말을 받아쳤다.

"아, 우리 엄마, 아빠는 100% 같이 가자고 하실 거야. 선생님이 오지 말라고 좀 해 주세요. 전 엄마, 아빠 가면 따로 갈 거예요, 진짜."

학교 총무님의 아들인 들이가 선생님께 부탁인지 협박인지 구분이 안 되는 요구를 했다.

세 친구만 봐도, 같은 뜻을 가지고 같은 곳을 가는데 각자 처해 있는 상황이 다르다. 나 또한 이 친구들과는 다른 상황에 처해 있다. 나도 대훈이처럼 아빠를 피해 갈 수 없었다. 평소 보수적이지도, 그렇다고 진보적이지도 않은 우리 아빠는 아직 청소년인 내가 여러 정치 활동에 참여하는 것을 전부터 탐탁찮아하셨다. 결국 그냥 엄마에게만 허락을 구하고 가게 되었다.

진정성 있는 이들의 출석 체크

내가 희망버스를 타야겠다고 마음먹은 것은 사진 때문이다. 85호 크레인 위에 있는 김진숙 지도위원과 노동자분들의 사진을 보고 있자니 여러 가지 생각이 들었다. '김진숙 지도위원은 고소 공포증은 없을까? 트위터를 하는 것 같던데, 휴대전화 배터리는 누가 아래서 올려 주나?' 하는 소소한 것부터, '한순간에 일자리를 잃은 노동자들에게도 나와 같은 딸이 있겠지' 하는 걱정까지……. 가슴이 아팠다. 그 높은 곳에서 구조 조정의 부당함을 계속 외치는데도 세상은 그것을 너무 쉽게 무시했다. 김진숙 지도위원이 얼마나 힘들고 지쳐 있을지 생각하니 희망버스에 타지 않을 수 없었다. 그리고 신문에 실린 1차 희망버스에 참가한 사람들의 얼굴을 보면서 나도 희망을 찾고 싶다는 생각이 들었다. 갈수록 너무나 삭막해지고 개인주의화되는 이 사회에서 자신과 아무 관계없는 노동자들을 위해 발걸음을 옮겨 준 사람들을 보며 아직 서로를 생각해 주고, 힘을 주고, 함께 싸워 줄 수 있는 사람들이 있다는 것을 확인하고 싶었다. 김진숙 지도위원과 한진중공업 노동자들에게 힘을 주기 위해 희망버스에 탔지만, 나 또한 그곳에서 새로운 희망을 찾고 싶었던 것이다.

2011년 7월 9일, 서울에서도 2차 희망버스가 출발했다. 시청 앞을 가로지르는 찰나, 바로 옆에서 시위 중인 재능교육 해고 노동자들이 보였다. 이들 또한 해고로 고통받고 있는 사람들인데……. 미안함에 부산으로 떠나는 마음이 무거웠다. 이 많은 사람들이 버스를 타고 부산으로 떠나는 모습을 보는 그들의 마음은 어떨지 생각했다. 같은 노동자로서 응원하겠지만, 섭섭함도 없지는 않을 것 같았다. 그렇게 재능교육 해고자들을 뒤로한 채 우리는 저 멀리 부산으로 떠났다.

부산역 광장에 도착하니 수많은 우산 무리가 보였다. '사과가 사과탄이 되기 전에, 바나나가 곤봉이 되기 전에'라는 재미있는 이름의 2차 희망버스 부산 콘서트에 참여하기 위해 희망버스 참가자들이 모여 있는 것이었다. 억세게 내리는 비에도 아랑곳하지 않고 흥겨워하는 사람들은 마치 좋아하는 '오빠'들의 공연을 보러 온 팬클럽 회원들의 모습 같기도 했다. 그 흥겨운 분위기 속에서 가장 인상 깊었던 장면은 멀리 평택에서부터 부산까지 걸어왔다는 쌍용차 노동자분의 무대 인사였다. 그는 "쌍용차에서 노동자와

2011년 7월 9일.
부산역 광장에는 9,000여 명의 2차 희망버스 참가자들이 운집해 '사과가 사과탄이 되기 전에, 바나나가 곤봉이 되기 전에 - 부산 희망과 연대의 콘서트'에 참여했다.

ⓒ최승훈

그 가족 열다섯 명이 죽은 책임에서 자유롭지 못한 노동조합 간부로서, 열여섯 번째 죽음이 한진중공업일까 봐 두려워 평택에서 이곳까지 걸어왔다”고 했다. 왠지 모르게 가슴이 먹먹해지고 눈물이 날 것 같았다.

하지만 눈살을 찌푸리게 하는 상황도 연출됐다. 무대 앞쪽에 자리 잡고 앉은 우리에게 물장구를 치며 다가오는 한 무리의 사람들이 있었다. 그들은 없는 자리를 만드는 기적을 보여 주었고 그 순간 우리 자리가 사라지는 기적도 벌어졌다. 정치인 등 유명 인사들이었다. 포토존이 설치된 것처럼 곧바로 플래시 세례가 이어졌다. 그들도 모두 우리 같은 마음으로 해고된 한진중공업 노동자들과 김진숙 지도위원의 안위를 걱정해서 희망버스에 동참한 것을 알고 있다. 하지만 우리의 참여보다 그들의 행차가 우선이고 값진 것처럼 여겨지게 하는 상황이 싫었다. 잠시나마 그들의 진정성을 의심하게 될 정도로……. 지금은 그들에게 고마운 마음을 갖고 있다. 이후에도 나보다 더 열정적으로 희망버스에 참여했고, 지속적인 관심을 가지고 국정감사 등을 통해 의제화하는 등 한진중공업 사태를 해결하기 위해 큰 역할을 해 주었기 때문이다.

자갈치시장의 정겨움은 어디에 있는 거예요?

늦은 밤, 흥겨웠던 콘서트를 마치고 평화행진을 시작했다. 우리의 목적지는 한진중공업 영도조선소에 있는 85호 크레인, 바로 김진숙 지도위원과 한진중공업 노동자들이 있는 곳이었다. 부산역 광장을 가득 메웠던 9천여 명의 희망버스 참가자들은 "정리 해고 철회하라!", "김진숙과 연대하자!" 등의 구호를 외치며 부산 시내 도로를 걷기 시작했다. 계속해서 쏟아지는 비는 마치 아드레날린처럼 나를 흥분케 했다. 항상 TV 뉴스로만 접했던 상황 속에 내가 서 있다는 생각에 더욱 몸이 달아오른 것일지도 모르겠다. 역사책에서 보았던 민주화 투쟁의 한 장면이 떠올랐고 내가 그 역사의 한 페이지에 서 있는 것 같았다.

그때까지만 해도 나는 이 행진을 평화행진이란 이름처럼 너무 아름답게만 생각했다. 실은 너무 쉽게 봤다. 옆집에 놀러 가는 사람처럼 가벼운 마음으로 김진숙 지도위원과 한진중공업 노동자들을 찾아 발을 옮겼던 것이다. 그렇게 많은 사람들의 따가운 시선과 반대의 장벽이 있을 줄 미처 몰랐다.

나에게 부산은 인정이 가득한 자갈치시장과 열정이 넘치는 해운대로 대표되던 곳이었다. 하지만 평화행진에서 만난 부산의 모습은 그렇지 않았다. 퇴근 시간에 차가 밀리는 것에 짜증이 났는지 화가 가득 찬 눈빛으로 우리를 보는 부산 시민들만이 있을 뿐이었다. 추진력이 강한 몇몇 분들은 창문으로 얼굴을 내밀어 욕설을 내뱉었다. 행진이 거듭될수록 질책은 심해져 갔다. 트럭 운전자는 엄청나게 큰 소리로 경적을 울렸다. 하얀 승용차를 타고 계시는 분의 욕설이 빗속으로 묻히기도 했다. 저쪽의 검은 택시는 우리에게 차가운 눈길을 보냈다. 그들의 시선에 점점 몸이 추워졌다. 나를 둘러싸고 있는 상황도, 눈빛도, 바람도 차가웠다. 내 귀에 들리는 소리도 차가웠다. 빗방울도 더 이상 흥분과 활력이 아닌 절망과 냉기로 변해 쏟아졌다. 희망의 발걸음을 내딛던 나는 점점 슬픔과 분노에 휩싸였다. 그렇게 나에게 부산은 차가운 곳이 되어 갔다. 그들이 자기 가족의 삶을, 생계를 송두리째 잃었더라도 그렇게 행동했을까? 그날 행진에서 만난 부산은 내가 알던 부산이 아니었다.

차벽에 가로막힌 아우성

부산 시내를 벗어나 다리를 건너고 드넓은 도로를 따라 얼마나 걸었을까. 우리는 눈앞에 펼쳐진 광경을 보고 넋을 잃었다. 대로를 가로막은 거대한 벽이 나타났다. 경찰들은 물대포를 쏠 수 있는 두 대의 살수차를 중심에 두고 양옆으로 차단벽을 세웠다. 강화플라스틱으로 만들었다는 차벽은 살수차보다 높아 4~5m는 족히 되어 보였다. 인도는 중무장한 전경들이 방패를 들고 겹겹이 막아섰다.

"지금 당장 해산하십시오! 해산하십시오!"

우리가 오기만을 기다렸다는 듯, 50대 정도 돼 보이는 남자의 목소리가 들렸다. 거대한 살수차와 차벽에 막혀 우리가 할 수 있는 건 그다지 많지 않았다. 우리는 맨손으로 차벽을 두드리며 길을 열어 달라고 외쳤다. 김진숙 지도위원과 한진중공업 노동자들을 만나러 가야 한다며 아우성쳤다. 하지만 돌아오는 건 "불법집회를 중단하고 해산하라"는 말과 법 조항을 내세우며 "살수하겠다"는 경찰의 '위협'뿐이었다. 그럴수록 우리는 오히려 평화행진을 막는 것이 불법이라며 "평화행진 보장하라!", "경찰은 차벽을 치워라!" 하고 외쳤다. 옆을 보니 아주머니들이 한 전경에게 '우리가 지금 왜 여기까지 왔으며, 김진숙 지도위원이 있는 곳으로 왜 꼭 가야 하는지'를 호소하고 있었다. 행진하면서 곳곳에서 전경들을 볼 수 있었다. 옷이 어찌나 화려한지, 저녁에 랜턴 대신 입고 나가도 될 정도였다. 평화행진을 막 시작했을 때는 툭툭 건드리면 길을 비켜 줬던 터라 나와 친구들은 이 '형광 조끼'들을 너무 우습게 봤다. 열을 맞춰 서 있는 전경들은 눈동자마저도 같은 곳을 향해 있었다. 초점 없이 같은 곳을 보고 있는 전경들을 보면서 잠깐이나마 소름이 돋았다. 패기 넘치는 대학생들이 전경들과 몸싸움을 벌였지만 별다른 소득이 없었다. 비슷한 또래의 그들이 몸싸움을 벌이는 모습을 보니 왠지 서글펐다. 몸싸움을 벌일 만큼 이렇게 가까이 서 있는데, 방패와 헬멧에 가려진 그들의 심장과는 얼마나 멀리 떨어져 있는지 가늠할 수 없었다. 결국 우리는 앉아서 기다릴 수밖에 없었다.

하지만 마냥 그러고 있을 수는 없었다. 저 멀리 어슴푸레 보이는 한진중공업 영도조선소의 크레인과 그 위에서 우리를 기다리고 있을 김진숙 지도위원을 두고 돌아갈 수는 없었다. 사람들은 차벽 앞에 모래주머니로 계단을 쌓기 시작했다. 인도를 겹겹이 막고 서 있는 전경들을 뚫기 위해 몸싸움도 벌였다. 내 생각에도 전경들보다 우리가 수적으로 더 우세하기 때문에 모두 힘을 합쳐 인도를 막고 선 전경들을 밀어붙이면 뚫을 수 있을 것 같았다. 그런데 갑자기 살수차에서 물대포가 쏟아졌다. 나는 살수차 바로 앞에서 있어 다행히 물대포를 맞지 않았지만 난생처음 본 파란색 물은 그 냄새만으로도 충분히 고통스러웠다. 최루액을 섞은 물이었다. 사람들은 "쏘지 마! 쏘지 마!"를 외쳤고 행진 행력은 아수라장이 됐다. 어디서 났는지 모르지만 우리 반에는 전경 방패가 하나 있었다. 나를 포함해 우리 반 여덟 명은 방패를 머리 위로 들고 물대포를 피해 달아났다. 위에서는 최루액이 계속해서 쏟아지는 긴박한 상황에서 왜 뒤를 돌아봤는지 모르겠다. 그 광경은 아마 죽을 때까지 잊을 수 없을 것 같다. 살수차 두 대가 서 있고, 그 뒤에는 정말 수많은 전경들이 있었다. 그들이 각각의 개체로 보이지 않고 하나의 덩어리로 보였다. 미처 피하지 못했거나 계속해서 대치

2011년 6월 12일.
1차 희망버스 당시 김진숙 지도위원과 한진중공업 노동자들이
농성 중인 영도조선소 85호 크레인.

ⓒ김기연

한 사람들은 최루액에 화상을 입고 전경들의 방패에 가격당하고 연행됐다. 나는 그들이 국민의 생명과 안전을 지키는 경찰이란 게 너무나 무서웠다.

그때 나는 왜 희망버스에 몸을 실었는지 잠시 잊어버렸다. 나의 적은 어느새 전경이 되어 버렸다. 우리는 다 함께 살아갈 수 있는 희망을 찾고, 그것을 전해 주고자 부산에 온 것인데……, 저 초점 없는 눈을 가진 경찰이 아니라 그들에게 우리의 평화행진을 방해하고 공격하라는 잔인한 지시를 내린 권력과 자본과 싸워야 하는데 말이다.

우리가 꽃이고 정의다

우리는 최루액 때문에 더 이상 다가가지 못하고 경찰들과 100m 거리를 두고 대치했다. 최루액의 효과는 즉각적으로 나타났다. 코를 자극하는 매캐한 냄새로 시작해 간지러움과 통증으로 이어지는 고통은 참을 수 없을 만큼 지독했다. 샌들을 신고 있던 나는 최루액에 발이 다 젖었다. 휴지로 닦아 냈지만, 시간이 지나자 뼈에 불이 붙은 것처럼 고통스러웠다. 차라리 발을 자르고 싶을 만큼 지독한 고통이었다. 10분, 15분 정도 지났을까. 발뿐만 아니라 온몸에서 최루액의 효과가 나타나기 시작했다. 반 친구들의 상태를 확인해 보니 그들도 정상은 아니었다. 다른 사람들도 마찬가지였는지 여기저기서 물을 찾는 소리만 들려왔다. 응급처치로 물을 끼얹으면 고통이 줄어들기 때문이었다. 시간이 지날수록 상태는 점점 악화되어 갔다. 결국 근처 병원으로 향했다. 화장실 사용을 허락받은 병원은 사람들로 이미 만원이었다. 대충 발을 씻고 밖에 나가 보니 이미 날이 밝아 있었다. 사람들은 대로에서 잠을 청하고 있었다. 대부분 신문지를 깔고 잠을 자고 있었는데 몇몇 준비성 좋은 사람들은 은색 돗자리를 깔고 자고 있었다. 흡사 피난민 무리처럼 보였다.

저 멀리 줄지어 서 있는 전경들을 보니 지난밤의 미움은 어느새 사라졌다. 오히려 연민의 마음이 생겼다. 그들도 우리처럼 많이 지쳐 보였다. 최루액의 고통은 여기저기 떨어져 있는 빈 물병들에서 다시 확인할 수 있었다. 이 상황을 예상했던 이들이 과연 몇이나 될까? 나 혼자만 이 상황을 예상하지 못했던 것일까?

희망버스 진행팀에서 준비한 아침밥을 먹기 위해 줄 서 있는 사람들도 지쳐 보였다. 하지만 김진숙 지도위원과 한진중공업 노동자들에게 달려가고픈 간절한 마음을 간직한 그들에게서 나는 희망을 보았다. 나는 이것을 '정의'라고 표현하고 싶다. 물론 다른 누군가는 우리의 행동을 폭력으로 생각할 수도 있다. 그럼 나는 다시 '소통'이라고 표현하겠다. 이 땅의 노동자들의 아픔을 들어 줄 귀가 있고, 고통을 이해할 마음이 남아 있는 사람들이 서로 만나고 싶었던 것이라고. 서로에게서 희망을 찾고 확인하고 싶었던 것이라고.

2차 희망버스는 어떻게 보면 실패로 비칠 수 있다. 처음 계획했던 대로 영도조선소 85호 크레인까지 가지 못했기 때문이다. 하지만 눈물을 흘리며 배웅하던 한진중공업 노동자와 비록 얼굴을 마주 보지 못했지만 스피커로 들려오는 김진숙 지도위원의 울음 섞인 목소리에서 우리는 희망을 보았고 서로 나눠 가졌다.

희망버스의 마스코트 같던 이윤엽 판화가의 대형 걸개그림에는 이런 문구가 있다.

"사람은 꽃이다, 우리는 꽃이다, 노동자는 꽃이다."

그날 우리는 꽃이었다. 85호 크레인 위의 꽃 한 송이처럼, 이 땅의 수많은 해고 노동자들에게 위로와 희망을 전해 줄 홀씨가 되어 다시 일상으로 돌아갔다.

동무는 살아 돌아왔다

2차 희망버스가 끝난 후 여론의 반응은 뜨거웠다. 응원하는 목소리도 많았지만 부정적인 시각도 많았다. 희망버스 참가자들을 직접 북한까지 데려다 주겠다는 등 그렇게 가까이에서 빨갱이를 보는 건 처음이라는 등 인터넷 게시판 댓글을 통해서도 비난이

2011년 6월 12일.
1차 희망버스 당시 영도조선소에 걸린 이윤엽 판화가의
"사람은 꽃이다, 우리는 꽃이다, 노동자는 꽃이다" 걸개그림.

ⓒ김기언

쏟아졌다. 나 또한 빨갱이가 되었다. 희망버스를 타기 전날 김진숙 지도위원에게 보냈던 편지가 한 인터넷신문에 보도됐기 때문이다. 댓글이라곤 딸랑 두 개 달렸는데 모두 악플이었다. 그중 하나의 내용은 이랬다.

'북한 학생이 장군님께 보내는 편지냐? ㅉㅉㅉ'

그 글을 쓴 분에게 남한의 열여섯 살 소녀는 댓글 잘 읽었다고 전하고 싶다. 댓글을 보며 모니터를 세 번 정도 내리친 것은, 절대 비밀이다. 노동자의 권리를 되찾고 부당 해고에 반대하는 것이 색안경 쓰고 볼 일인지 묻고 싶다. 정말 비정상적인 사회다. 그나마 내가 위로받을 수 있었던 건, 두 개의 악플에 달린 반대 버튼 때문이었다. 뭐, 그마저도 한두 개였지만, 누군가 내 마음을 대신해서 저 버튼을 눌러 주었구나 생각하니 내 입가는 슬며시 위로 향했다.

다시 3차 희망버스가 출발했고 4차, 5차까지 이어지며 사회운동의 새로운 흐름을 만들어 냈다. 그리고 그 종착역에는, 고맙게도 진짜 '희망'이 있었다. 희망버스와 김진숙 지도위원 그리고 한진중공업 노동자들이 기적을 만들어 냈다. 2012년 11월 9일 해고 노동자들은 복직됐다. 1년 9개월 만에 현장으로 돌아가게 된 것이다.

아직은 출근만 확정되었을 뿐이지만 그래도 김진숙 지도위원은 '하나의 산을 넘었다'고 표현했다. 그 산은 너무 높고 험난했다. 그들에겐 정말 간절히 넘고 싶은 산이었을 것이다. 소중한 사람들도 많이 잃었다. 힘이 들어 하산하는 사람도 있었다. 그럴수록 운동화 끈을 단단히 묶는 그들이었다. 짊어진 짐 또한 무거웠을 것이다. 발은 온통 물집으로 가득했을 것이다. 물병은 비어 가고, 걸음은 점점 더 내딛기 힘들었을 것이다. 그럼에도 불구하고 그 여정을 다 넘긴 그들이다. 그리고 그들의 손을 끝까지 놓지 않았던 우리가 있었다. 나에게 기적은, 그 결과가 아니라 함께 그 길을 걸어온 사람들이다.

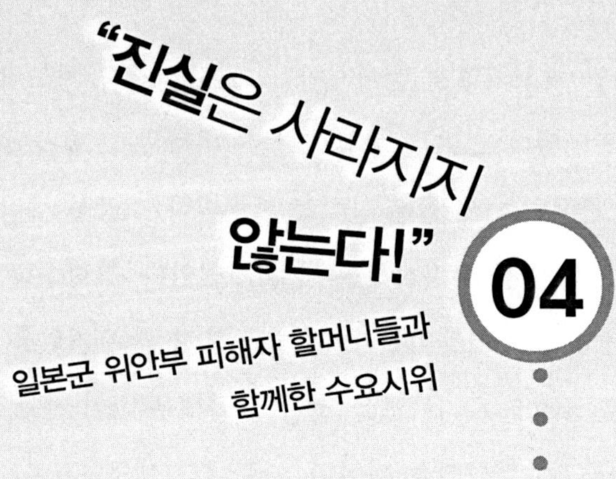

노효승 · 김형성 · 김준희 · 김선호
| 청소년인권동아리 H.I.T

rlagudtjd1995@hanmail.net

우리는 인천의 안남고, 부평고, 부개여고의
청소년인권동아리 H.I.T(Hopeful Image of Tomorrow)의
회원으로 인권에 대한 공부와 봉사 활동을 하고 있습니다.
1년에 한 번씩 정기적으로 수요시위를 주관하고 있으며,
간혹 일본군 위안부 문제 관련 행사에 초청되어
노래 〈바위처럼〉에 맞춰 율동을 선보이기도 합니다.
저소득층 어린이들이 다니는 '키파한사랑지역아동센터'에서
유치원, 초등학생들의 학습과 놀이 도우미
봉사 활동도 하고 있답니다.

2012년 8월 15일 광복절은 수요일이었다. 그리고 1,035회 수요시위가 열리는 날이기도 했다. 아침부터 비가 쏟아져 힘든 하루가 예상됐다. 일본대사관 앞에 도착해 주변을 둘러보니 시위에 참여하기 위해 모인 사람들과 일본대사관을 지키고 있는 경찰들이 보였다. 항상 드는 생각이지만, 커튼이 모두 쳐 있는 창문과 굳게 닫힌 문을 보니 오늘따라 일본대사관이 더 견고해 보이고 답답하게 느껴졌다.

며칠 전부터 언론에서는 이번 시위에 '어느 정치인이 방문한다', '어느 연예인이 참여한다'며 떠들어 댔다. 우리는 궂은 날씨에 행여 참여자가 적지 않을까 걱정했다. 수요시위를 주최하는 한국정신대문제대책협의회(이하 정대협) 분들과 할머니들의 마음도 무거웠을 것이다. 기우였는지 다행히 많은 사람들이 모였다. 참석자들의 마음은 모두 하나였고, 빗속에 "사죄하라! 배상하라!"라는 뜨거운 외침이 울려 퍼졌다. 하지만 되돌아오는 것은 그저 안타까운 메아리였는지도 모르겠다. 그날 비에 젖어 있던 소녀상이 생각난다. 소녀상의 눈가에 빗방울이 맺혀 있었다. 가만히 보고 있으면 마치 눈물을 흘리는 것처럼 느껴졌다.

수요집회라고도 불리는 수요시위는 일본군 위안부(국제 활동의 장에서는 '일본에 의한 군대 성노예Military Sexual Slavery by Japan', '일본군 성노예Japanese Military Sexual Slavery'라고 표현) 문제 해결을 일본 정부에 촉구하기 위한 집회이다. 전쟁범죄 인정, 진상 규명, 공식 사죄, 법적 배상, 전범자 처벌, 역사 교과서에 기록, 추모비와 사료관 건립. 이 일곱 가지 사항을 일본 정부가 인정하고 이행하라고 요구하는 것이다. 하지만 이 정당하고 당연한 요구는 계속해서 거부당하고 있다. 수요시위는 1992년 1월에 시작된 이래 2002년 3월에 500회를 넘겨 단일 주제로 개최된 세계 최장기 시위로 인정받아 기네스북에 등재됐다. 2011년 12월에는 1,000회도 훌쩍 넘겨 우리의 마음을 무겁게 했다. 수요시위의 기록은 인제 그만 멈췄으면 한다. 할머니들이 한 분이라도 더 생존해 계실 때 일본 정부의 제대로 된 사과를 받아 그 오랜 한恨을 풀어드리고 싶다.

"수요시위? 그게 뭐야? 너 데모했어?"

한국사 교과서에는 일본군 위안부 문제를 한 페이지 분량도 안 되는 단 몇 줄로 다루고 있다. 고등학생인 우리의 경험을 비추어 봐도 초등학교 때부터 한국사를 배웠지만 정작 위안부 문제에 대해서는 제대로 된 교육을 받은 기억이 없다. 그래서인지 수요시위를 알고 있는 친구들 역시 매우 적다. 우리가 수요시위 얘기를 꺼낼 때마다 매번 들려오는 말은 "수요시위? 그게 뭐야? 너 데모했어?"라는 식의 질문이다. 그 말을 들을 때마다 맥이 빠진다. 이런 상황이다 보니 교과서로 배우는 내용만으로는 한계가 있다는 걸 뼈저리게 느낀다.

물론 우리에게도 수요시위는 생소한 단어였다. 지난해 고등학교에 진학하고 가입한 학내 청소년인권동아리 HIT Hopeful Image of Tomorrow 활동을 통해 처음으로 수요시위를 접했다. 대부분 봉사활동에 의미를 두고 동아리에 가입했던 터라 처음에는 시위라는 말이 두렵게 느껴지기도 했다. 하지만 수요시위에 직접 참여한 후 우리는 달라졌다.

지난해 수요시위에 처음 참여했을 때도 일본대사관 앞을 경찰들이 지키고 있었고, 그 앞에 많은 사람들이 모여 있었다. 누군가 일본 정부를 규탄하는 성명서를 읽었고 함께한 사람들은 큰 소리로 따라 외쳤다. 우리도 얼떨결에 따라 외쳤는데 늦게 온 탓인지 곧 끝나 버렸다. 처음 참여한 수요시위는 이처럼 허무하게 마무리됐다. 그러나 일본대사관 앞에 울려 퍼지던 많은 사람들의 외침에 우리의 가슴은 뜨거워졌다. 또 시위가 마냥 두렵고 나쁜 게 아니란 사실도 알았다. 나와 연령대가 비슷한 청소년들은 물론이고 어린아이들도 와서 참여하고 있다는 점도 놀라웠다. 그러자 어쩐지 부끄러워졌다. 그동안 시위에 참여하지 않았던 것이 부끄러웠던 것이 아니었다. 어린아이들도 알고 있는 문제를 고등학생이 되도록 잘 몰랐고 관심조차 두지 않았다는 사실이 부끄러웠다. 그동안 일본군 위안부 문제에 대해 깊게 생각하지 않고 살아왔기 때문이다. 그날 이후 우리는 위안부 문제와 수요시위에 관해 공부했고, 방학 등 시간이 날 때마다 수요시위에 참여했다.

위안부는 일제강점기에 일본 정부가 주도한 전쟁범죄이다. 중일전쟁이 장기화되자 일본 군인들이 중국 민간인을 강간하는 사건이 빈발했다. 그러자 일제는 추악한 만행을 저지른다. 1930년대부터 1945년 패망할 때까지 한국, 중국, 필리핀, 인도네시아 등 여러 나라 여성들을 성노예로 강제 동원한 것이다. 그 인원 또한 놀랍도록 많다. 은밀하고 강제적인 방법을 사용한 만큼 그 숫자를 정확히 확인할 수 없지만 최대 20만 명가량이 동원된 것으로 추정하고 있다. 특히 당시 일본의 식민지였던 조선의 여성들은 가장 큰 희생양이 되었다.

당시 조선은 일제의 수탈로 인해 피폐했다. 당장 생계를 꾸리기도 어려운 상황이었다. 먹고살기 위해 일자리에 대한 수요가 폭발적이었다. 그러나 가부장제와 남녀차별 같은 어긋난 윤리의식 때문에 여성들이 일을 구하기란 여간 어려운 게 아니었다. 이런 사정으로 특히 가난한 집 여성들이 여공이나 간호사 모집 등 취업 사기에 속아 많이 끌려갔다. 유괴나 강제 연행도 빈번해 빨래터와 일터에서도 잡혀갔다. 일자리를 미끼로 사기 치고 인신매매까지

해서 강제로 데려갔으니 그 수법에 분노하지 않을 수 없다.

끌려간 여성들의 삶은 이루 말할 수 없이 처참했다. 인간으로서 견딜 수 없는 성노예 생활을 강요당했다. 하루에 평균 열 명에서 많게는 수십 명 이상의 일본 군인들을 상대해야만 했다. 이를 거부한 여성들에게는 구타와 고문이 가해졌고, 심지어 살해당하기도 했다. 위생 관리도 제대로 되지 않아 많은 여성들이 성병에 걸려 고생했다. 임신한 여성들을 강제로 낙태시키고 자궁을 들어내기도 했다. 차마 입에 담을 수도, 상상할 수도 없는 끔찍한 일들은 언급하지 않겠다. 생지옥이 따로 없었고 여성들은 몸도 마음도 정신도 갈가리 찢겼다. 더구나 일제가 패망하자 위안부들은 철저하게 버려졌다. 일본군은 전쟁터 한복판에 위안부들을 버려 두고 떠났고, 심지어 이 사실을 숨기기 위해 한데 모아 살해하는 만행도 저질렀다.

이러한 사실을 입증할 만한 증거가 명백한 상황인데도 일본은 이 사실을 인정하지 않고 있다. 그 어떤 증거보다 확실한 할머니들의 증언이 있는데도 말이다.

"우리가 모두 죽더라도 진실은 절대 사라지지 않는다"

지난해 위안부 할머니들의 쉼터 '우리집' 봉사 활동에서 만난 길원옥 할머니의 이야기다. 할머니도 열세 살 때 일본의 공장에서 일하게 해 준다는 꼬임에 빠져 고향을 떠나 위안부가 되었다고 한다. 그러나 해방 후에도 가족과도 떨어져 평생을 외롭게 지내셨다고 한다. 길원옥 할머니뿐만 아니라 위안부 할머니들 대부분의 삶이 그러하다. 전쟁터에서 살아남은 할머니들은 연합군 포로수용소를 거쳐 귀국하거나 중국, 동남아 등 이역만리 타국에서 온갖 고생을 하다가 고국인 우리나라로 돌아왔다. 하지만 돌아오지 못한 경우가 더 많았다. 말도 통하지 않는 타국에 버려졌으니 돌아올 수 없었고, 스스로 목숨을 끊는 경우도 적지 않았다. 왜 아니었을까. 과거 고려, 조선의 수많은 여인들도 공녀라는 이름으로 몽고와 명, 청에 끌려갔다. 공녀들이 살아 돌아왔을 때 그 나라와 백성들은 환향녀라고 부르며 핍박했다. 힘없는 나라의 백성으로 태어나 희생된 것인데 보호는 못 해 줄 망정 되레 손가락질한 것이다.

이렇게 해방 후에도 위안부들의 고통은 계속되었다. 그녀들은 가족의 품으로도 고향으로도 돌아갈 수 없었다. 그들은 피해자였지만 사회의 따가운 시선이 두려워 숨죽이며 살아야 했다. 일제에 의해 몸과 마음이 갈가리 찢기는 고통을 겪었지만, 힘들게 돌아온 조국에서도 가부장적인 정조 관념 때문에 멸시당한 것이다. 본인들 스스로도 순결을 잃었다는 수치심에 힘들어했다. 성병과 성폭력으로 인한 후유증도 악몽처럼 찾아왔다. 대부분 극심한 가난에 시달렸고, 정상적인 가정생활을 영위할 수 없었다. 정신적, 육체적, 경제적 고통도 온전히 그들의 몫이었다.

올해가 나눔의 집 설립 20주년이라고 한다. 나눔의 집은 위안부 할머니들에게 삶의 터전을 마련해 주자는 취지로 불교계와 사회 각계에서 설립비를 모금해 1992년에 만들어졌다. 이듬해에는 정부에서도 영구임대주택과 생활비 보조 등 지원책을 내놓기 시작했다. 해방 이후부터 40여 년 넘게 위안부 할머니들은 우리 정부와 사회의 보호를 받지 못했던 것이다. 악몽의 연속이었을 할머니들의 지난 반세기를 생각하면 가슴이 먹먹하다.

길원옥 할머니께서는 "일제와 열강이 일으킨 전쟁의 피해자인 우리가 모두 죽더라도 이 진실은 절대 사라지지 않을 것"이라고 말씀하셨다. 당신들이 죽으면 문제가 해결될 것으로 생각하는 일본에 그것이 크나큰 착각이었음을 알릴 수 있도록 강한 나라를 만들어 달라고도 말씀하셨다. 그리고 배상을 받으면 해외에서 전시戰時 성폭력을 당하고 있는 여성들을 돕고 싶다고 하셨다.

그때 느꼈던 가슴 뭉클함은 지금까지도 생생하다. 팔순을 훌쩍 넘은 연세인데 편찮으실 때도 빠지지 않고 매주 수요시위에 참석하시는 할머니의 투쟁은 비단 자신과 일본군 위안부들만을 위한 게 아니었다. 지금도 세계 각지에서 자행되고 있는 전시 성범죄에 경종을 울리는 투쟁인 것이다. 올해 시리아에서는 민주화를 요구하는 시민들에게 정부군이 성폭행을 위협의 수단으로 사용했다. 유엔 보고서에 따르면 1994년 르완다 대학살 당시 최소 25만여 명, 1991년 시에라리온 내전과 1992년 보스니아 내전 때도 최대

5만여 명, 1996년 코소보 내전 때도 2천여 명의 여성들이 성폭행 당한 것으로 추산했다. 이외에도 알제리, 미얀마, 콩고, 페루, 동티모르 등 분쟁 지역에서 전시 성범죄가 자행됐다.

이 같은 비극이 계속되는 이유는 전시 성범죄에 대한 국제사회의 적극적인 대처가 부족하고 전시라는 특수성을 핑계로 이를 심각한 범죄행위로 인식하지 않고 있기 때문이다. 그래서인지 20세기 후반에는 전시에 상대방을 공포에 떨게 하는 효과적인 고문 수단이자 심리전으로 성범죄를 활용했다.

일본군 위안부 문제가 꼭 해결되어야만 하는 이유도 바로 여기에 있다. 더구나 일본은 20세기 최대 인신매매, 전시 성범죄를 저지른 전범 국가이다. 전시 성범죄는 50년, 100년이 지나도 꼭 처벌해야 하는 중대 범죄란 사실을 국제사회에 알리고 뿌리 뽑기 위해서라도 일본군 위안부 문제는 꼭 해결되어야만 한다.

당시 일제의 만행에 대한 얇은 지식과 부정적인 감정만 가졌던 게 전부였던 우리는 할머니의 말씀과 당부를 들은 후 작지만 큰 사명감 같은 게 생겼다. 일본이 원하는 대로 되게 하지 않기 위해 할머니들이 모두 돌아가시기 전에 일본군 위안부 문제를 해결해야 한다는 생각이 들었다. 한 분이라도 더 살아 계실 때 하루빨리 일본 정부의 사죄와 배상, 전범 처벌 등 일곱 가지 요구 사항이 이뤄질 수 있게 우리가 할 수 있는 최대한의 노력을 해야겠다고 다짐했다. 그 첫 번째 노력은 일제의 만행에 대해 최대한 분노하는 것이었다. 쉼터를 나오면서 동아리 친구들은 너나 할 것 없이 감정에 충실한 비난을 쏟아 냈다. 간간이 부드러운(?) 육두문자도 내뱉었다. 그런 후 우리가 어떤 활동을 할 수 있을지 고민했다. 선배들은 우선 수요시위에 열심히 참여하자고 독려했다. 그리고 우리가 한번 수요시위를 주관해 보기로 뜻을 모았다.

1,005회 수요시위를 주최하다

2012년 1월 18일, 1,005회 수요시위는 청소년인권동아리 HIT의 주최로 열렸다. 이날 우리 동아리원 30여 명은 노래 〈바위처럼〉 율동으로 오프닝을 했고, 준비해 간 연극과 할머니들을 위한 노래를 선보였다.

연극은 전래동화 〈별주부전〉과 이솝우화 〈토끼와 거북이〉를 패러디해 창작한 것이었다. 경주를 마치고 거북이가 준 음료를 마신 토끼는 실신하고 용궁으로 끌려간다. 거북이가 음료수에 수면제를 넣은 것이다. 용궁에서 깨어난 토끼는 온몸이 밧줄로 꽁꽁 묶여 있었다. 용왕과 병사들이 토끼의 목숨을 노리지만 무술 고수였던 토끼는 밧줄을 끊고 용왕과 병사들을 제압한다. 이후 인신매매 등 악행을 저지르던 용왕과 병사들은 세상 모든 동물들 앞에서 토끼에게 사과하게 된다. 여기서 토끼는 위안부 할머니, 용왕과 병사들은 일제를 의미한다. 자신들의 잘못을 인정하지 않는 일본 정부를 흔내 주고 할머니들의 한이 조금이나마 풀리셨으면 하는 마음에서 준비한 연극이었다. 지금 생각해 보면 조금 유치하지만 할머니들과 참가자들이 많이 웃고 좋아해 주셨다. 또 싸이의 노래 〈아버지〉를 개사한 〈할머니〉를 불렀는데, "더 이상 쓸쓸해하지 마요. 이제 우리와 같이 가요~" 하고 할머니들에게 우리의 마음을 전했다. 그러고는 미리 제작해 둔 "진실은 사라지지 않습니다. 할머니 힘내세요"라는 문구를 펼쳐 보이며 수요시위를 마무리했다. 다들 긴장한 탓에 실수도 많았지만, 할머니들에게 우리의 마음을 전할 수 있어서 기뻤다. 우리는 다른 무엇보다 일본 정부에 '진실은 사라지지 않는다'는 메시지를 전달하고 싶었다. '설사 피해자인 할머니들이 모두 돌아가시더라도 후손인 우리가 너희의 만행을 기억하고 끝까지 투쟁할 것이다. 그러니 어서 빨리 사죄하라' 하는 우리의 의지를 보여 주고 싶었다.

당일 수요시위는 우리가 생각했던 것보다 훨씬 성공적이었다. 사실 준비 과정에서 어려움이 많아 걱정을 많이 했다. 어떤 내용을 담아야 하는지 프로그램 구성에 대한 고민이 가장 컸다. 더구나 세 학교가 연합해 준비하는 만큼 시간 약속을 정하는 것도, 연습할 장소를 구하는 것도 쉽지 않았다. 또 입시 경쟁에서 자유로울 수 없는 고등학생들인지라 겨울방학임에도 보충수업과 학원 수업 등 제약도 많았다. 하지만 그 과정에서 인권이 얼마나 소중한 것인지를 새롭게 확인할 수 있었다. 친구들과 일본군 위안부

2012년 1월 18일.
1,005회 수요시위를 무사히 마친 후 HIT 친구들도 공연 때 할머니들께 보여 드린 문구를 들고
"찰칵" 기념 촬영을 했다.

ⓒ청소년인권동아리 HIT

문제를 함께 공부하고 토론하는 등 프로그램을 준비하면서 우리가 전하고 싶었던 메시지도 분명해졌다.

그러나 그날 이후 우리 HIT는 댄스동아리(?)로 더 알려진 것 같다. 물론 비주얼과 춤 실력이 워낙 출중해서 그렇겠지만……. 지금도 정대협 행사나 위안부 관련 일정이 있을 때마다 공연 요청이 쇄도(?)하고 있다.

수요시위를 인터뷰하다

올해 8.15 광복절 수요시위 때도 마찬가지였다. 정대협의 요청으로 노래 〈바위처럼〉에 맞춰 율동을 하기로 약속되어 있었다. 이번에도 오프닝은 우리의 몫이었다. 뜻깊은 날이니만큼 비가 내리는 궂은 날씨에도 수많은 사람들이 일본대사관 앞에 모였다. 무사히 공연을 마치고 여느 때처럼 "사죄하라! 보상하라!"를 힘껏 소리쳤다. 그러나 광복절 수요시위를 이대로 끝내기엔 뭔가 마음 한 구석이 헛헛했다. 그때였다. 별안간 동아리 회장이 수요시위 참가자들을 인터뷰해 보자고 제안했다. 좋은 생각이라며 모두 동조했고 인터뷰에 필요한 질문을 함께 만들었다. 우리가 준비한 질문은 '일본군 위안부 할머니들에 대해서 어떻게 알게 되었나요?', '현재 일본 정부의 태도를 어떻게 생각하시나요?', '우리 정부는 어떻게 대처해야 한다고 생각하시나요?' 이 세 가지였다.

첫 번째 인터뷰 대상은 백발이 성성한 독일인이었다. 그는 당일 무대에 올라 "인류의 존엄에 반하는 일본군 위안부 문제를 알고 큰 충격을 받았다"며 "일본 정부의 사과와 보상만이 이 문제를 완전히 해결할 수 있다"고 말했다. 그리고 자신도 일본 정부가 사과할 때까지 이 운동을 계속해 나갈 것이라고 덧붙였다. 수요시위가 국제적으로 알려지다 보니 종종 외국인들도 참여하지만 그처럼 열정적이고 적극적인 사람은 흔치 않다. 정말 고맙고 반가운 일이었다. 전부터 외국인들도 우리처럼 일본군 위안부 문제를 심각하게 받아들이고 있는지 궁금했던 터라 우리는 용기를 냈다. 그는 독일 동아시아선교회 의장을 맡고 있는 파울 슈나이스 목사다. 우리의 서툰 영어 질문에도 그는 친절하게 답을 해 주었다. 파울 목사는 오래전 일본에서 선교사 활동을 할 때 지인으로부터 위안부 할머니들에 대한 이야기를 들었다고 한다. 많이 놀랐고 그때부터 한국에 대한 관심을 갖고 여러 운동에 참여했다고 한다. 그리고 그는 우리의 예상과는 달리 일본인들도 자신들의 잘못을 잘 알고 있고, 일본 정부에 위안부 할머니들에게 사죄하라고 요구하고 있다고 말했다. 그래서 일제가 패망한 8월 15일에는 일본의 많은 지역에서도 수요시위와 비슷한 집회가 벌어진다고 했다. 하지만 일본 정부는 위안부 문제를 인정하고 사과하게 되면 2차 세계대전 당시 자신들이 저질렀던 모든 잘못을 인정하고 배상해야 하는 터라 회피하는 것이라고 말했다. 그의 답변을 들으면서 우리는, 독일의 경우 나치가 저질렀던 모든 잘못을 인정하고 사죄했다는 사실을 떠올렸다. 자신들이 저지른 끔찍한 만행을 끝끝내 인정하지 않고 있는 일본 정부와 참으로 비교됐다.

또, 그는 한국과 일본이 과거사로 인해 계속 악감정만을 가지고 살아선 안 된다고 했다. 한국 정부도 위안부 문제 해결을 위해 적극적인 외교적 노력을 기울여야겠지만, 일본 정부의 빠른 사죄와 배상만이 양국이 화해할 길이라고 역설했다.

나중에 알게 된 사실이지만, 파울 목사는 5.18광주민주화운동 당시 일본에 있던 독일 국영방송 특파원을 광주로 보내 전두환 군사독재정권의 만행을 서방 세계에 알리는 데 기여해 2011년에 오월어머니상을 받은 훌륭한 분이었다.

다음은 올해 여든이 되신 최제연 할아버지와 인터뷰를 했다. 위안부 할머니들처럼 일제 강점기를 겪은 분이셨다. 할아버지는 15년 전부터 지금까지 쭉 수요시위에 참여하고 있다고 말씀하셨다. 누이 같은 할머니들이 당한 고통에 변명과 거짓으로 일관하는 일본 정부의 작태에 분노를 금할 수 없다고도 하셨다. 그리고 할아버지 또한 계속해서 일본에 적대감을 가지고 살 순 없다며 일본 정부가 어서 빨리 사죄해 평화로운 세상이 왔으면 좋겠다고 답했다.

이외에도 많은 사람들을 인터뷰해 보았지만 두 번째 질문과 세 번째 질문에 대한 답변은 대부분 비슷했다. 한 학생은 할머니들에게 "일본의 사죄를 받게 해 드리지 못해 죄송합니다. 저희 세대에서라도 꼭 받아 낼 테니 힘내세요"라는 말을 해 주었다.

수요시위에 가장 많이 쓰이는 문구 중 하나가 '역사를 잊은 민족에게 미래는 없다', '영토를 잃은 민족은 재생할 수 있어도, 역사를 잊은 민족은 재생할 수 없다'라는 말이다. 잘못된 역사를 바로잡으려는 노력은 당연하고 마땅히 해야 하는 일이다. 그것이 바로 수요시위를 하는 이유다.

그래서 우리는 잊지 않으려 노력했다. 학기 초가 되면 동아리에 후배들이 새로 들어온다. 우리들은 선배들이 했던 방식대로 여름방학 동안 시간을 쪼개서 후배들을 데리고 수요시위에 참가했다. 일본군 위안부 문제와 수요시위에 대해 잘 알지 못했던 지난해 우리의 모습을 떠올리면서. 우리가 왜 이런 활동을 하며 앞으로도 지속해야 하는지 알려 주기 위해서다. 지금 당장은 일제에 의해 짓밟힌 할머니들의 인권에 대한 일본 정부의 사죄와 배상이 목표이다. 그러나 일본 정부의 사죄를 받은 후에도 역사적 진실을 기억하고 인권의 소중함을 일깨우는 활동은 계속되어야 한다.

일본군 위안부가 아니라 '우리 할머니'

최근 미국에 이어 유럽 사회도 일본 정부를 비난하기 시작했다는 기사를 접했다. 과거사를 전혀 반성하지 않는 일본 정부에 대한 국제사회의 따끔한 질타일 것이다. 그럼에도 여전히 위안부 문제를 인정하지 않고, '유감'으로 표현하는 일본 정부의 뻔뻔함을 어떻게 이해해야 하는 걸까? '마음에 차지 아니하여 섭섭하거나 불만스럽게 남아 있는 느낌'이라는 뜻의 이 말은 결코 잘못을 인정하는 태도가 아니다. 그들은 '나하곤 상관없지만, 당신이 그렇게 됐다니 참 안되게 생각한다' 하고 말하는 것이다. 아니 그들이 정말 그렇게 이야기했다. 최근 일본 극우파들이 위안부 소녀상과 윤봉길 의사 순국비에 말뚝 테러를 하는 등 만행을 저지르는 것을 보면 확인할 수 있다. 정말 21세기를 함께 살고 있는 문명인으로서 어떻게 저럴 수 있을까 하는 의구심이 든다.

그러나 이 책임은 우리 정부에게도 있다. 어쩌면 일본군 위안부 문제를 해결하기 위해 첫 번째로 넘어야 할 산이 바로 우리 정부의 방관적 태도일 것이다. 수요시위가 20년 동안 지속되고 1,000회를 넘도록 적극적인 대처를 하지 않는 우리 정부를 보면 속이 답답하다. 일본 정부는 박정희 대통령 시절인 1965년, '한일협정'을 통해 이미 일본군 위안부 피해자 문제 등 일제 강점기 시절에 대한 모든 국가적 책임과 배상을 했다는 입장을 줄곧 취해 왔다. 그러나 우리 정부는 일본의 주장에 대해 제대로 반박하지 않고 침묵으로 일관하고 있다. 국제사회의 적극적인 지지를 통해 일본을 전방위적으로 압박하기 위한 외교적 노력을 해도 모자랄 판에 오히려 일본의 오만한 행태를 방조하고 있는 것이다.

정부에 등록된 234명의 일본군 위안부 피해자 중 생존자는 최근 60명으로 줄었다. 꽃다운 나이에 일제에 의해 짓밟혔지만 제대로 된 사죄도 받지 못하고 돌아가신 할머니들을 생각하면 마음이 아프다. 생존해 계신 할머니들도 대부분 여든을 훌쩍 넘겨 아흔을 바라보는 고령이다. 일본 정부에 사죄를 촉구하는 마음이 조급해진다. 그리고 이번 대선에 대한 기대도 크다. 현 정부처럼 수수방관하거나 미온적인 태도로 일관하지 말고 일본군 위안부 문제 해결을 위해 일본 정부에 큰소리치며 적극적으로 외교적 노력을 했으면 한다. 할머니들 살아생전에 일본 정부의 사죄를 받을 수 있는 마지막 기회가 될 수도 있기 때문이다. 우리 국민들도 경각심을 갖고 절실한 마음으로 수요시위에 동참했으면 한다.

매주 수요일 12시 일본대사관 앞에서는 가슴 아픈 우리 역사가 펼쳐진다. 거대한 승합차와 버스, 많은 전경들이 폴리스 라인을 치고 서 있고, 그 앞에 사람들이 모여든다. 그리고는 일본대사관을 향해 "사죄하라! 배상하라!" 같은 구호를 외친다. 이 글을 보고 있는 당신도 그곳에서 우리와 함께하기를 바란다. 하루빨리 일본 정부가 그들의 죄를 인정하고 우리 할머니들께 진심으로 사죄하기를 소망한다.

마지막으로 우리가 알아야 할 중요한 사실이 있다. 위안부慰安婦, Comfort Women는 '전쟁 때, 군인들의 성적 도구로 동원되는 여자'를 뜻하는 용어이다. 대한민국 관계 법령에도 '일본군 위안부 피해자'라고 되어 있다. 하지만 '위안부'라는 용어는 '성적 위안'을 받

은 가해자, 일본군 중심의 용어라는 데 문제가 있다. UN 등 국제
사회에서 통용되고 있는 '성노예Sexual slavery'도 마찬가지다. 일제
의 만행을 적나라하게 지적하는 용어지만, 할머니들의 존엄을 해
칠 수 있어 적합하지 않은 것 같다. 이 문제를 꼭 이야기하고 싶
었다. 우리 정부와 관련 단체에서도 비슷한 문제의식을 가지고 있
지만 대체할 만한 용어를 찾지 못하고 있다. '위안부', 이 세 글자
는 할머니들에게 수치와 치욕의 역사일 것이다. 우리는 이제 '위
안부', '위안부 할머니'라는 표현을 쓰지 않기로 했다. 할머니들의
쉼터인 나눔의 집과 우리집, 그리고 일상생활에서도. 대신 우리는
일제와 지난 반세기가 할머니들에게서 빼앗았던 호칭을 돌려주기
로 했다. 할머니들은 이제 우리에겐 어여쁜 소녀이고 아름다운 아
가씨고 포근한 어머니고 그리고 지금은 손이 참 따뜻한 "우리 할
머니"이다.

2012년 12월 12일.
누군가 소녀상에게 따뜻한 겨울옷을 입혀 놓았다.
일본 정부의 사죄와 배상이 이루어져 지난 60여 년을 추운 겨울로만
살아오신 할머니들의 마음도 따뜻해졌으면 좋겠다.

ⓒ최승훈

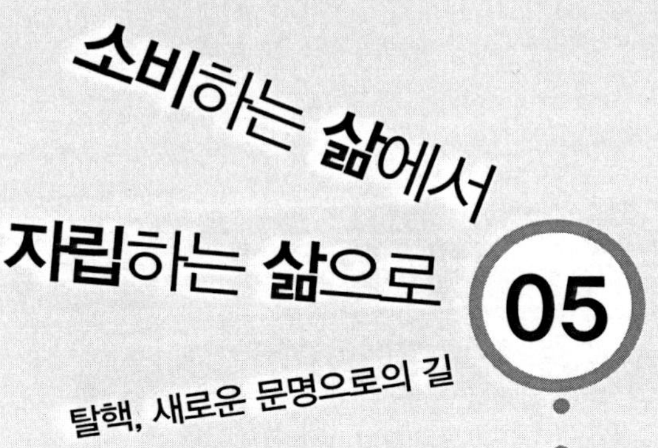

김해주 | 하자작업장학교

souppp@naver.com

어릴 때부터 주변 어른들께선 널 소중히 하고,

네가 하고 싶은 걸 하라고 말씀하시곤 했습니다.

저도 하고 싶은 일을 하며 행복하게 살고 싶었고요.

하지만 후쿠시마 핵발전소 사고를 통해 나 혼자만을 위한

행복은 언제든지 깨질 수 있다는 걸 알게 되었습니다.

'핵 문제'와 '기후변화', '함께 살기', '평화' 같은 키워드가

내 삶 속으로 들어왔고요.

하자작업장학교에서 친구들과 다 함께 행복해질 수 있는

길을 찾고 있습니다.

나는 모르는 게 많다. 중학교 때 방정식을 배웠던 거 같기도 한데 지금은 다 잊어버렸고, 얼마 전까지 맨틀mantle이 지구의 정신mantal인 줄 알았다. 그래도 살아오는 데 별 지장은 없었다고 생각한다. 자기 합리화일지도 모르겠지만 무지는 나쁜 게 아니라고 생각했다. 하지만 작년 3월 11일 후쿠시마 참사 이후 생각이 조금 달라졌다. 핵 문제에 관심을 갖고 조금씩 배워 갈수록 무지가 나쁜 것은 아니지만, 내 삶에 대한 무관심이 될 수는 있겠구나 싶었다. 방정식은 몰라도 될 것 같지만, 바로 옆 나라에서 터진 핵발전소 사고는 무지를 핑계 삼아 지나칠 수 없는 문제였다. 핵은 나와 내가 사랑하는 사람들이 살아가게 될 세상, 미래와 밀접하게 관련되어 있기 때문이다. 이제 '핵 없는 세상'은 내 삶의 중요한 화두가 됐다. 그래서 핵 관련 공부를 하고 탈핵 활동을 하고 행사를 직접 기획하면서 내가 할 수 있는 일을 찾고 있다.

태양과 바람의 나라를 꿈꾸다

2012년 10월 20일에 '태양과 바람의 나라를 꿈꾸다' 행사가 서울 청계광장에서 열렸다. 핵없는사회를위한공동행동이 주최한 이 탈핵 행사에는 고리, 삼척, 밀양 등 각 지역에서 핵발전소와 송전탑 건설을 막아 내기 위해 한전과 싸움을 하고 계신 분들을 비롯하여 70여 개 시민사회단체가 참여했다. 대선 후보들도 참여해 탈핵에 대한 의지를 밝혔다. 나도 학교 친구들과 퍼레이드에 참여해 악기를 연주하고 춤도 추며 신 나게 노래도 불렀다.

이번 행사는 지난 3월 10일에 있었던 '아이들에게 핵 없는 세상을' 행사 때와는 분위기가 사뭇 달랐다. 당시에는 후쿠시마 참사 1년을 기리기 위한 장례식 퍼레이드를 했다. 핵발전소 사고로 인한 수많은 피해자들을 위로하고, 더불어 핵 문명의 장례를 치르기 위함이었다. 그렇다고 행사가 마냥 무겁지만은 않았는데, 나는 후쿠시마 핵발전소 사고가 우리 사회에서 점점 잊혀 가고 있다는 생각에 몹시 불안했다. 사람들이 핵 문제를 자신의 문제로 받아들이지 않고 관심도 갖지 않는 것에 화가 나기도 했다. 주변 사람들에게 핵에 대한 여러 가지 문제점을 이야기하고 행사 참여를 권유해도 아무도 귀 기울여 주지 않았다. 에너지를 절약하고 자원 낭비를 줄이기 위해 텀블러나 손수건 들고 다니기 같은 작은 실천들을 넌지시 제시해 봐도 마찬가지였다. 지금에서야 드는 생각이지

2012년 10월 20일.
서울 청계광장에서 열린 '태양과 바람의 나라를 꿈꾸다' 탈핵 행사
참가자들. 이날 행사에는 대선 후보들도 참여해 탈핵의 의지를 밝혔다.

ⓒ하자작업장학교

만 어쩌면 당연한 일이었다. 핵발전이 자신의 삶과 어떻게 연결되어 있고 어떤 영향을 미치게 되는지 알지 못한다면 문제를 해결하고자 하는 동기는 결코 생기지 않을 테니까. 그리고 당시 나는 핵 문제와 우리 삶의 연관성을 납득시킬 만한 연결 고리를 제대로 설명하지 못했다. 그저 우리가 무엇을 해야 하는지 실천에 대해서만 말했던 것 같다. 내 생각을 잘 전달하고 소통하려는 노력을 기울였어야 했는데, 내 이야기에 흥미를 느끼지 못하고 등 돌리는 사람들의 반복되는 반응에 오히려 지치고 실망했다.

하지만 이번 행사를 통해 주변 사람들에게 닫혀 있던 마음이 조금씩 열리게 되었다. 탈핵에 대한 사회적 동의가 점점 커지고 있음을 체감할 수 있었기 때문이다. 아직 정치에 대해서는 잘 모르지만, 대선 후보들까지 탈핵 의지를 밝히고 있고 탈핵에 동의하는 정치인들도 점점 늘고 있다는 사실도 알 수 있었다. 핵이 정치적으로 얼마나 중요한 문제이고 우리 사회에 얼마나 큰 영향을 미치는지 나도 조금은 알고 있다. 정치인들의 행보에 내가 너무 일희일비하는 건 아닌가 하는 생각도 들지만 이러한 변화의 흐름은 분명 환영할 만하다.

핵발전이 낳는 3가지 차별

핵발전은 비윤리적 에너지로 3가지 차별을 낳는다. 지역 차별,

노동 차별, 세대 차별이다.

우리나라에서 전력 소비가 가장 많은 곳은 서울과 수도권이다. 우리나라 전체 전력의 40%를 소비하고 있다. 그러나 핵발전소는 단 하나도 없다. 서울의 전력 자급률은 고작 2.8%에 불과해 모자라는 97.2%의 전기를 다른 지역에서 끌어다 쓰고 있다. 상황이 이런데도 서울과 수도권에는 왜 핵발전소를 짓지 않을까?

후쿠시마 핵발전소 사고에서 드러났듯이 핵에너지는 가장 힘없는 지역의 희생을 담보로 생산된다. 가장 낙후되고 인구가 적어 저항할 수 없는 곳, 사고가 나더라도 피해를 최소화할 수 있는 곳에 핵발전소를 짓는다. 정부와 한전이 안전성을 강조하며 막무가내로 밀어붙이는 핵발전소 건설의 이면에는 이처럼 비윤리적인 부지 선정 기준이 있다. 손바닥으로 하늘을 가리는 일을 우리 정부와 공기업 한전이 나서서 하고 있는 것이다.

송전탑 문제도 빼놓을 수 없다. 핵발전소가 지방에 건설되기 때문에 생산한 전기를 서울 등 대도시로 보내기 위해서는 송전탑을 세워야 한다. 하지만 송전탑에 흐르는 고압 전류는 유해한 전자파를 내뿜기 때문에 동식물의 생장을 방해하는 등 주변 생태계를 망가트리고 위험에 빠뜨린다.

경남 밀양은 지금 7년째 송전탑반대운동을 하고 있다. 신고리 핵발전소에서 생산한 전기를 수도권으로 공급하기 위해 765kV의 초고압 전류가 흐르는 146m 높이의 송전탑 69개가 밀양시 5

개 면을 500m 간격으로 관통할 위기에 처했기 때문이다. 산과 들은 물론이고 평생을 아끼고 가꿔 온 논밭에 송전탑이 건설되면 전자파와 코로나 소음으로 인해 인간다운 삶이 불가능해진다. 올 3월 탈핵희망버스를 타고 밀양 송전탑반대운동에 참여했다. 조상 대대로 살아온 삶의 터전을 지키기 위해 일흔이 넘은 할머니, 할아버지께서 송전탑 건설 예정 부지인 산속에 움막을 짓고 생활하며 싸우고 계셨다. 밀양의 이 외로운 싸움은 故 이치우 할아버지의 희생이 없었다면 세간에 알려지지도 않았을 것이다. 할아버지께서는 올 1월 한전의 폭력적이고 강압적인 송전탑 건설에 반대하며 분신자살하셨다. 할아버지께서는 생전에 "내가 죽어야 이 문제가 해결된다"라는 말씀을 하셨다고 한다. 국책사업이라는 명분을 내세우며 강압적으로 송전탑을 세우려는 한전을 힘없는 시골 노인들로서는 막아 낼 방도가 없었기 때문이다. 밀양 주민들에게 송전탑반대운동은 생존의 문제이다. 그리고 이들의 싸움은 핵발전의 부정의한 진실인 지역 차별을 증언하고 있다.

다음은 노동 차별이다. 핵발전소가 지어지면 방사능 피폭을 무릅쓰고서라도 누군가는 그 안에서 일을 해야 한다. 그들이 바로 핵 노동자들이다. 문제는 이들의 연간 누적 피폭량 기준치가 일반인의 100배에 달하는 100mSv^{밀리시버트}라는 점이다. 생명과 건강에 심각한 위험을 초래할 수 있는 양이다. 하지만 핵 노동자의 90%가 비정규직이기 때문에 산업재해 처리 등에 대한 보장은 제대로 이뤄지지 않고 있다. 고용 구조가 한전의 직접 고용이 아닌 여러 단계의 하청 구조로 되어 있기 때문이다. 또 핵발전소 주변의 소외 계층이 핵 노동자로 유입된다. 낙후되고 소외된 지역에 강압과 회유로 건설되는 핵발전소는 언제 터질지 모를 시한폭탄과 같다. 인근 주민들은 이미 피해자이지만 생계가 어려운 사람들은 다시 피폭의 위험을 감수하며 핵 노동자가 되고 있다. 고용을 미끼로 가장 위험한 핵 노동에 우리 사회와 핵발전소 주변 지역의 사회적·경제적 취약 계층이 동원되는 것이다.

마지막은 세대 차별이다. 핵발전소에서 발생한 전기를 사용하는 것은 현재 세대이다. 그러나 우리가 남길 위험한 유산인 핵폐기물을 감당하게 되는 것은 미래 세대이다. 핵폐기물은 중·저준위폐기물과 고준위폐기물이 있다. 중·저준위폐기물은 핵발전소 내에서 사용된 장갑, 작업복, 부품 등이고, 고준위폐기물은 다 사용하고 난 핵연료나 재처리를 한 뒤의 부산물이다. 이런 핵폐기물은 엄청난 방사능을 내뿜지만, 현재 과학으로는 제거하거나 처리할 방법이 없다. 특히 고준위폐기물의 경우 전 세계에 처분할 장소가 단 한 곳도 없다. 플루토늄 같은 고준위폐기물은 자연 소멸되는 데 24만 년이나 걸린다고 한다. 채 스무 살도 되지 않은 나로선 상상할 수 없는 시간이다. 24만 년이란 긴 시간 동안 방사능이 유출되지 않도록 보관하는 것이 과연 가능할까? 세계에서 유일하게 핀란드에 '온칼로'라는 고준위폐기물처리장이 지어지고 있다.

온칼로는 핵폐기물로 가득 차면 콘크리트로 완전히 봉인된다고 한다. 온칼로는 과연 24만 년의 시간을 견딜 수 있을까?

올해 5월 환경영화제에 갔다가 우리에게 미안하다고 말하는 아주머니를 만났다. 인간은 세대를 거듭하며 긴 시간을 지구 위에서 보냈다. 그러나 핵의 역사는 다음 세대를 전혀 고려하지 않고 있다. 인간은 마치 지구의 주인인 듯 행동하고 있지만, 우리는 이 장소에 잠시 머물렀다 가는 존재라는 사실을 잊으면 안 된다. 인류가 지구 위에 존재한 시간보다 훨씬 긴 시간 동안 독을 뿜어낼 핵폐기물만 생각해 보아도 알 수 있다.

핵, 재앙의 그림자

스리마일, 체르노빌, 후쿠시마를 기억하는가? 후쿠시마 참사가 있은 지 아직 2년이 채 안 됐건만 주위 사람들은 벌써 그를 까맣게 잊은 듯하다. 그저 잠깐의 이슈로 받아들이고 우리 삶과 어떻게 연결되는지 생각해 보지 않았기 때문일 것이다. 하지만 눈에 보이지 않는다고 해서 존재하지 않는 것은 아니다. 핵발전소 사고는 앞으로도 몇 세대에 걸쳐 후유증을 남길 것이다. 방사능으로 인한 피해가 비단 인간에게만 국한되는 것이 아니기 때문이다. 방사능은 지구상의 수많은 생명들에게도 피해를 입힌다. 귀 없는 토끼, 거대 메기, 얼굴 두 개 달린 거북이 같은 기사들을 볼 때마다 한강에서 괴물이 나왔다는 기사도 머지않아 보게 될 거란 생각을 한다. 인간은 절대 혼자 살아갈 수 없다. 주변의 생태계에 의지하며 다른 생명과 공존한다. 하지만 핵은, 모든 생명을 파괴할 수 있다. 인간에게는 핵이 가진 힘을 통제할 만한 능력이 없다. 이를 알고 있으면서도 계속 핵을 사용하고, 그것에 의지하고 있다.

작년의 후쿠시마 참사는 이미 예고된 것이었다. 9.0 정도 규모의 지진은 1,000년에 한 번씩 일어난다고 한다. 지질학자들은 지진이 발생할 위험을 이미 예상했다고 한다. 폭발한 후쿠시마 제1핵발전소의 원자로 6개는 모두 제너럴일렉트릭의 '마크1' 모델이었다고 한다. 이 모델은 1986년 도입 당시부터 폭발 위험이 높고, 지진과 관계없이 중대한 사고를 일으킬 확률이 90%에 달한다는 경고가 있었다.

어쩌면 앞서 언급한 사고들은 모두 인재人災일 수 있다. 충분히 예측할 수 있었고, 미연에 방지가 가능했지만 외면하고 등을 돌렸던 것이다. 왜 그랬을까? 재앙이 눈앞에 펼쳐져 있다는 사실을 인지하면서도 왜 멈추지 않는 것일까?

자본주의와 소비문명 그리고 핵

핵은 우리가 살고 있는 자본주의사회와 밀접한 관련이 있을 뿐아니라 이 사회체제의 문제를 여실히 보여 준다. 자본주의는 말

2012년 4월 28일.
고리 1호기 폐쇄를 위한 인간 띠 잇기를 하고 있는 2차 탈핵희망버스 참가자들. 고리 1호기는 30년 수명으로 설계됐고, 원자로 온도가 상승해 핵연료봉이 녹아내리는 등 안정상의 문제가 심각한데도 정부와 한전이 수명을 10년 더 연장해 35년째 가동되고 있다.

ⓒ김기연

그대로 돈으로 유지되는 체제이다. 체제의 근간이 되는 자본은 우리의 소비로 충당된다. 따라서 자본주의를 계속 유지하고 발전시키기 위해서는 더 많은 소비가 필요하다. 우리의 욕망을 부추기는 좀 더 좋은, 좋아 보이는 것들이 끊임없이 쏟아져 나오는 이유도 바로 소비를 유도하기 위함이다.

그리고 그 바탕엔 핵이 존재한다. 우리는 여전히 산업사회에 살고 있고, 대량생산을 위해 노동자들은 공장에서 밤낮없이 일을 하고 있다. 기업과 자본은 사람들을 필요한 만큼 써먹고 버리거나 부당한 대우를 한다. 약자의 것을 빼앗는 짓도 서슴지 않는다. 그들에게 가장 가치 있는 것은 돈이기 때문이다. 산업사회를 유지하기 위해서는 많은 에너지가 필요하다. 정부나 자본가들의 입장에서 보면 대량의 전기를 생산하는 핵발전은 매력적일 수밖에 없다. 핵발전은 핵분열로 인해 발생하는 에너지를 이용하는데, 한번 가동되면 전기 생산량을 줄이는 것은 물론 일시 정지시키는 것도 불가능하다. 계절의 변화나 하루 중 시간대에 따라서 전력 수요는 달라지지만 공급은 늘 일정하다 보니 값싼 심야 전기도 발생했다. 공급에 맞춰 수요를 창출하려다 보니 값을 내린 것이다. 자본가들은 이를 놓칠세라 밤낮으로 공장을 가동했다. 심야 전기 수요도 걷잡을 수 없이 늘어났다. 핵발전이 오히려 에너지 과소비를 불러일으키고 화석연료 사용마저 끌어올리게 된 것이다. 이처럼 의식 없는 에너지 소비는 결국 새로운 핵발전소를 더 짓게 만들고 이러한 악순환은 반복됐다.

우리는 자본주의가 기본적으로 인간을 도구화한다는 사실을 잊어선 안 된다. 우리는 스스로를 소비의 주체라고 생각하지만 자본가의 입장에서 보면 생산과 소비의 도구일 뿐이다. 더 새롭고 좋은 것들이 만들어질수록 사람들은 더 많이 욕심내고, 더 많이 소비하고 싶어 한다. 소비를 통해서 느끼는 행복은 굉장히 제한적이지만 사람들은 돈을 많이 가질수록 행복하다고 믿고 있다. 돈이 행복의 기준이 되면 사람들은 필요에 의한 소비가 아닌 욕망에 의한 소비를 하게 된다. 누구나 좀 더 많이, 좀 더 좋은 것을 갖고 싶어 하기 때문이다. 그리고 이런 문제점에 대해 생각해 볼 틈도 없이 욕망에 휩쓸려 살아간다.

핵을 넘어선 새로운 상상

하자작업장학교에 들어와 핵에 대해 공부하면서 내가 생각해 오던 행복의 기준이 자본주의라는 틀 안에만 머물러 있었다는 것을 알게 되었다. 그리고 자본주의를 유지하는 동력이 바로 핵이란 사실도 알게 되었다. 탈핵을 이야기하면 어떤 사람은 핵이 없으면 원시로 돌아가는 것 아니냐고 말하기도 한다. 탈핵은 문명의 퇴보가 아니라 전혀 다른 차원의 문명이다. 핵으로부터 벗어난 인류가 어떻게 새로운 삶을 살 것인지, 어떻게 미래를 만들어 갈 것인지에 대한 이야기가 우선되어야 하는 문제이다.

그래서 지금은 누군가에 의해 만들어진 기준이 아닌, 내가 중요하게 여기는 가치를 구체적인 현실로 만들기 위한 일을 배우고 있다. 지금 내게 가장 중요한 것은 '자립'이다. 올해부터, 도시 속의 조그만 땅과 자투리 공간을 이용해 농사를 짓고 있다. 먹지 않고는 살 수 없기 때문에 먹거리 자급을 위한 농사는 자립에 매우 중요하다. 농사는 현재의 나를 가꾸는 일이기도 하다. 미래를 위해 준비하고 투자하는 현대인들에게 현재란 미래를 위한 준비 기간 정도의 의미밖에 되지 않는다. 현재를 살아가는 것은, 지금 자신의 주변에 있는 것들, 나와 관련되고 영향을 주고받는 것들에 관심을 갖고, 시간을 들여 돌보는 것이다. 먹거리 자급은 그 돌봄의 가장 기본이라고 할 수 있다.

자기 주변 사람들과의 관계에서도 마찬가지이다. 지난 몇 년 동안 수많은 기종의 스마트폰이 쏟아져 나왔고 대부분의 사람들은 스마트폰을 사용하고 있다. 나는 스마트폰을 사용하지 않는데, 가끔 친구들이 카카오톡으로 신 나게 대화하는 것을 보면 내가 낄 수 없는 새로운 문화가 만들어진 것 같은 느낌이 든다. 겨우 휴대폰이 다를 뿐인데……. 스마트폰처럼 새로운 문화를 만들어 내면 멀쩡한 휴대폰을 스마트폰으로 바꿀 수밖에 없다. 사람은 누구나 소외되거나 유행에 뒤처지는 것을 두려워하기 때문이다. 타인과 소통하기 위해서는 그 문화와 연결된 제품을 구매해야 하는 상황이 만들어진 것이다. 조금 불편한 것일 뿐인데, 세상은 이제 욕망을 넘어서 소외라는 심리적 불안까지 이용해 소비를 조장하고 있다.

반대로 스마트폰 등 개인이 소유한 전자제품이 많아지면서 사람들은 점점 혼자만의 시간을 보내는 걸 즐기게 되었다. TV를 보고 스마트폰이나 컴퓨터로 웹서핑과 게임을 하다 보면 심심할 새가 없다. 스마트폰이나 인터넷을 통한 소통을 더 자연스럽고 편하게 생각하는 사람들도 늘고 있다. 타인과 만나 눈을 마주치며 대화하는 직접 소통의 욕구는 점점 감소하고 있는 것이다.

고도로 발달한 자본주의사회 속에서 우리는 각자의 선택에 의한 소비를 할 수 없고, 파편화된 집단이나 개인 안에 갇혀 살고 있는지도 모른다. 소비 문명의 시스템에 대해 통찰할 기회를 잃어버린 채 말이다. 그래서 나는 주변 사람들과의 관계에 신경을 쓰고 정성을 들이고 있다. 개인주의에서 벗어나 보다 더 많은 사람들을 이해하고, 다양성을 존중하는 삶을 살고 싶어서이다. 이는 서로에게 함께 일할 동료가 되는 길이기도 하다.

얼마 전 하자센터에서 열렸던 창의서밋에서는 적정기술 워크숍이 열렸다. 적정기술은 인간적인 규모의 적정한 기술을 말한다. 우리가 살아가는 데 필요한 최소한의 에너지를 생산하고, 필요한 물품도 우리 손으로 직접 만들어 내는 기술이다. 이 워크숍에

2012년 3월 30일.
'지구를 위한 한 시간' 행사의 현수막을 만들고 있는 하자작업장학교 학생들. 현수막은 재활용한 물건들을 사용했고 자전거 발전기를 돌려 글루건 사용에 필요한 전기를 생산했다.

ⓒ하자작업장학교

는 작업장학교의 학생뿐 아니라 비슷한 또래의 다른 팀들도 참여했다. 못도 박고 망치질도 하고 그라인더같이 위험한 기계도 다뤄 보면서 손으로 일하는 감각을 배웠다. 우리의 두 손과 두 발로 일의 감각과 자립에 필요한 적정기술을 익히는 것은 책상 앞에 앉아 푸는 방정식보다 더 중요한 삶의 문제일 것이다.

나는 앞으로도 핵을 넘어선 문명에 대한 실험과 공부를 계속해 나갈 것이다. 물론 아직도 소비하는 삶에서 완전히 벗어나지는 못했지만, 새로운 가치들을 배워 나가면서 분명 이전과는 다른 방향의 삶을 상상하는 중이다. 농사를 짓고, 에너지 사용을 줄이는 작은 일들을 하면서 삶의 방식도 조금씩 변해 가는 것을 느낀다. 이제 막 시작했기 때문에 아직은 배워야 할 것도 산더미고, 도시에서 뒤룩뒤룩 찌운 지방 덩어리들 때문에 일하는 것도 서툴다. 그래도 계속 배우면서 할 수 있는 일의 영역이 점점 넓어지고 있다. 학교에서 기획하고 실행하는 행사들은 준비하는 과정에서부터 점점 그 전에 의존하던 것들에서 벗어나고 있다. 새 물건을 사는 대신 갖고 있던 재료와 재활용품을 여기저기서 모아 현수막을 만들었다. 공연 때 사용하는 앰프의 에너지는 자전거 발전기로 직접 만들어 낸다. 공부의 시작은 후쿠시마 핵발전소 사고였지만 어느새 '탈핵'이라는 키워드는 행복의 새로운 가치를 찾고 지속가능한 미래를 만들기 위한 의미가 되었다.

현재의 문제에도 충실할 생각이다. 우리는 여전히 핵발전에 의존하고 있다. 송전탑, 노후 핵발전소의 수명 연장, 신규 핵발전소 건설 계획이 지금도 계속해서 일어나고 있다. 관심의 끈을 놓지 않고 고민하고 힘을 보태야 할 일들이다. 나와 내 주변과 세상을 위해 할 수 있는 일들을 해 나가는 시간들이 더해진다면 내가 꿈꾸는 탈핵의 시대도 다가올 것이라 믿는다.

공존을 생각한다

생명과 평화를 짓밟는 국가안보는 없다

강정에서 보낸 두 달

01

서수민 | 전 지혜학교

sumin3315@hanmail.net

강정마을에 갔다 온 뒤 예술에 매료되어

예술 같은 삶을 살겠다는 포부를 가지게 되었습니다.

사람이 아름답다는 것도 새삼 깨닫게 되었고요.

지금 전 내 멋대로 살기 위해 노력 중이에요.

앞으로도 그럴 거고요.

저에겐 대구 사투리로 사람들을 홀리는 재주가 있답니다.

강정마을에서 1월 초부터 3월 초까지, 두 달 남짓 있으면서 책을 한 권도 온전히 읽지 못했다. 그곳에서는 책을 읽는다는 것이 왠지 사치 같다는 생각이 들 정도로 상황이 긴박하게 돌아갔고 몸도 따라 주지 않았다. 그때는 시간이 없다는 핑계로 책을 안 읽는 내가 탐탁지 않았는데 지금 생각해 보니 굳이 그럴 필요도 없었던 것 같다. 강정에서 일어나는 모든 일들이 영화이자 드라마이자 소설이고, 강정마을 그 자체가 삶이요 역사이며 예술이니 말이다.

3월 중순에 학교로 돌아와 가장 먼저 손에 집어든 책은 《지상에 숟가락 하나》였다. 잘 알려진 대로 제주의 작가 현기영의 자전적 소설이다. 분명히 읽어 보았던 책인데도 너무나 새롭고, 다른 모습으로 다가왔다. 처음에는 소설 속에서 문득문득 튀어나오는 제주 방언이 정말 반가웠다. 기껏해야 두 달 동안 들었던 제주도 방언인데도 말이다. 그러다 어렸을 적 지은이가 직접 겪은 4.3 이야기를 읽고 놀라지 않을 수 없었다. 강정마을에 걸려 있었던 '4.3 사건 원혼들을 잊지 마라!'는 문구가 왜 그토록 피맺힌 절규인가를 이 소설을 통해 다시 한 번 깨달았다. 내가 4.3에 대해 감히 어찌 이야기할 수 있겠는가. 다만 지금 제주의 현실을 통해 4.3을 반추할 뿐이다.

3월 19일, 화약고가 있는 동광리에서는 구럼비 바위를 발파하기 위한 화약이 운송되었다. 그 과정에서 시민들과 경찰들 사이에 마찰이 있었다. 발파를 저지하기 위해 10여 명의 시민들은 마주 잡은 두 손을 파이프로 연결해서 화약고로의 통행을 막았다. 그러자 경찰들은 파이프를 망치로 깨부수어 인간 띠를 해체하고 그들을 연행해 갔다고 한다. 경찰들이 무자비한 진압을 한 그 장소는 4.3 때 많은 사람들을 잃어버린 마을, 동광리이다. 60여 년이 지난 지금도 그곳에서는 공권력에 의한 짓밟힘이 자행되고 있는 것이다. 아직, 4.3은 끝나지 않았다.

작가가 "바다와 하늘이 서로 푸른빛을 다투며 멀리 수평선까지 퍼져 나가 만나고 있는 그 광활한 공간에서 꼼틀댔던 추억"이라고 표현한 대목을 읽으면서는 강정마을에 있는 중덕 바다를 떠올리지 않을 수 없었다. 나 또한 푸른빛이 넘치는 그곳에서 따뜻한 햇살에 바둥거렸던 하루가 있었으므로. 그 순간을 난 영원히 기억할 것이다. 생각이 거기까지 미치자 강정마을 삼촌들의 아픔을, 슬픔을 그제야 어렴풋이나마 헤아릴 수 있었다.

그랬다. 현기영 작가에게 그의 고향 땅은, 바다는, 바람은 그의 근원이었고 그의 동반자였으며 그의 글이었다. 마찬가지로 강정 삼촌들에게도 강정마을은, 중덕 바다는, 구럼비 바위는 '빨갱이'라는 소리까지 들으며 지켜 내야 하는 그들의 삶이었던 것이다. 강정에 있으면서 주름살 진 삼촌들의 얼굴을 보며, 삼촌들에게도 지금의 나처럼 어린 시절이 있었다는 것을 미처 생각하지 못했다. 어렸을 때부터 아파트에서 자라 와서 공동체를 경험할 기회조차 없었고, 그래서 마을에 대한 애착과 자부심을 이해하지 못했다. 이제야 그들이 지금 얼마나 소중한 것을 빼앗기고 있는지, 구럼비 바위가 폭파되고 있는 지금, 얼마나 처절하게 울고 있는지 어렴풋하게 헤아려 볼 뿐이다.

다시금 겨울방학 때 강정마을에 가고자 했던 동기가 부끄러워진다. 솔직히 고백하건대, 강정마을에 가리라 마음먹은 건 정의감에 불타올라 그들과 함께 싸우고 울고 위로해 주기 위함보다는 그럴듯한 이유로 집에서 벗어나기 위함이 컸다. 방학 때 집에 있으면 방 안에서 뒹굴면서 엄마의 잔소리를 들으며 하루를 보낼 게 뻔할 테니까 무조건 집을 벗어나야겠다고 생각했다. 처음에는 여행을 떠나고 싶었다. 예전부터 동경해 왔던, 하고 싶은 일이었다. 그러나 경제적인 문제에 부딪혀 고민하던 중 강정마을을 알게 되었다. 작년 여름에 엄마가 〈구럼비야 사랑해 cafe.daum.net/peacekj〉라는 카페를 소개해 주었는데 그땐 한 귀로 듣고 한 귀로 흘려버렸다. 그때만 해도 나는 정치와 전혀 관계가 없으며 앞으로도 그럴 거라고 생각했으니까. 그러다 우연히 강정마을에서 강정을 돕고 싶은 사람들을 늘 기다리고 있다는 게시물을 보고 겨울방학을 그곳에서 보내리라 다짐했다. 강정마을에 가기로 확정하고 난 뒤 인터넷에서 강정마을에 대해 검색해 보았다. 주민들도 찬성하는 해군기지를 외부 세력인 활동가들이 주민들을 선동하여 반대 투쟁을 하고 있다는 글들이 많았다. 그것을 보고는 흔들렸다.

그럼에도 나는 강정으로 향했다. 무엇이 진실인지, 어떤 일들이 일어나고 있는지 알고 싶었고 용기와 도전 뒤에는 값진 것을 배울 수 있으리라는 확신이 있었다. 강정에 대한 충분한 이해와 배움 없이 무턱대고, 나를 위해 갔던 것이다. 돌이켜 보면 그때의 나는 강정에 갈 자격조차 없었던 것 같다. 강정을 몰라도 너무 몰랐으니까. 사실 지금도 의심스럽다. 내가 강정을 이야기할 만한 사람인지. 그곳을 담아낼 만한 사람인지. 물론 부족하다. 다른 활동가들은 꿈에서조차 경찰, 권력들과 싸우며 투쟁을 하지만 난 강정마을에서 통닭 먹는 꿈을 꾸는 것만 보아도 그렇다. 하지만 분명한 것이 생겼다. 난 강정마을을 사랑한다. 강정에 있는 통닭집도 사랑하고 강정마을에서 난 귤과 한라봉을 사랑한다. 그것들을 만들어 낸 삼촌들을 사랑한다. 구럼비 바위를 사랑하고 그리워한다. 삼거리식당 밥을 제일 좋아하고 중덕 바다를 기억한다. 무엇보다도 난 강정마을을 사랑하는 사람들을 사랑한다. 난 이제 강정마을 사람이다.

들리지 않는 목소리

　강정에 간 지 채 일주일이 안 되었을 때, 어이없게도 현행범이 되고 말았다. 해군기지사업장 정문에서 연좌하고 기도문을 외우시던 수녀님 스물두 분이 연행되었다. 사업장 앞이 시끄러워졌고 나는 처음 접하는 대치 상황에 어리둥절해 있었다. 경찰들은 체포의 부당함을 주장하는 시민들을 에워쌌다. 일종의 감옥을 만드는 것이다. 일시적인 격리가 풀어지고 어느덧 상황이 종료되는 듯했다. 방송 차량에서는 매일 밤 우리가 촛불문화제에서 추던 춤곡이 흘러나왔다. 누가 먼저랄 것도 없이 우리들은 함께 공사장 옆에서 음악에 맞추어 춤을 추었다. 정말 즐겁게 웃으면서 추었다. 공사 차량 통행을 방해하지도 않았고 단지 춤만 추었다. 그런데 경찰들은 춤추는 우리가 무서웠는지, 또다시 우리를 격리하기 시작했다. 경찰들의 '비호'를 받으며 우린 계속 춤을 추었고 그들은 격리와 해제를 반복하고 나선 느닷없이 우리를 '집시법 위반'이라는 딱지를 붙여서 연행해 갔다. 체포 경위도 경찰서에 가서야 알 수 있었다. 나를 포함한 학생 세 명, 평화활동가 네 명이 연행되었다. 경찰들은 미성년자들을 체포해 가면 일이 복잡해지니 체포 차량에서 내리고 싶은 미성년자는 내리라고 말했다. 나는 내리지 않았다. 나는 내 행위에 책임질 수 있다고 생각했다. 그랬기에 미성년자들은 봐주겠다는 경찰들에게 협조할 수 없었다. 더군다나 나와 함께 있는 사람들은 모두 잘못한 게 없는데 나이 어린 사람만 풀어 준다는 것이 불합리하게 여겨졌다.

생전 처음 가 본 경찰서에서 조사를 받았다. 경찰은 내가 묵비권을 행사하자 말을 하지 않으면 자신이 도와주고 싶어도 못 도와준다며 상황을 이야기해 달라고 했다. 그 말에 혹해서 "미란다원칙도 고지받지 못했으며 춤추다 잡혀 왔다"고 상황을 설명해 주었다. 그런데 그 경찰 귀에는 내 이야기가 잘못 들렸는지 묘하게 이상한 뉘앙스로 조서를 작성했다. 경찰들의 부당함에 대한 이야기는 온데간데없고 필요 없는 말들만 써 놓았다. 결국 그 경찰과의 소통을 포기하고, 적었던 조서를 일괄 진술 거부로 바꾼 뒤에 유치장으로 가게 되었다. 유치장은 따뜻했다. 혼자였다면 풀 죽어지냈겠지만, 내 옆에는 함께하는 사람들이 있었다. '함께'의 힘을 깨닫게 된 소중한 순간이었다.

나 자신에게 부끄럽지 않으니 당당할 수 있었고 내 목소리로 주장할 수 있었다. 그러나 내 목소리는 경찰들에게는 들리지 않는 듯했다. 종이와 펜을 갖다 달라는 부탁도 들어주지 않았다. 그들은 마치 내 목소리가 들리지 않는 것처럼, 내가 존재하지 않는 것처럼 행동했다. 따져 보면 귀를 가지지 못한 사람들은 경찰만이 아니다. 끝없이 "강정을 살려 줍서, 우릴 좀 살려 줍서!"라고 애원하는 강정 주민을 무시하는 해군들도, 그토록 처절하게 저항해도 해군기지 사업을 강행하겠다는 이명박 대통령도 귀를 가지지 못

2012년 3월 5일.
구럼비 발파 신청 규탄 기자회견 당시
서귀포경찰서 앞에서 1인시위를 했다

ⓒ정용중

한 존재이기는 마찬가지다. 우리의 목소리를 단 한 번이라도 제대로 들었다면, 이럴 순 없는 거다. 그들이 귀를 가졌을 리가 없는 거다.

평화를 지키기 위하여

유치장 체험이 잊혀질 무렵 바지선 투쟁을 함께하게 되었다. 바지선 투쟁은 구럼비 발파의 사전 작업인 침사지를 만들기 위해 공사를 하러 들어온 바지선 앞에서 그저 손발이 닳도록 싹싹 비는 것이었다. 해군들은 1년 가까이 법을 어기고 침사지와 배수지 없이 공사를 강행해 왔다. 도청에서 구럼비 바위를 발파하기 전 침사지를 만들 것을 요구하자 그제야 침사지 공사를 시작했다. 해군에서 만들려고 하는 침사지 자리에는 마을회 소유인 테트라포드가 있었다. 테트라포드는 중심에서 사방으로 뿔이 나와 있는 모양의 콘크리트 구조물로 파도를 막는 방파제 구실을 한다. 해군은 침사지를 만들기 위해 바지선을 이용해 테트라포드를 옮기는 작업을 했는데, 마을회가 아닌 어촌계와 손을 잡고 공사를 진행했다. 테트라포드 이설 작업을 하기 위해서는 사전에 환경영향평가를 받아야 하는데도 해군은 이조차 무시하고 작업을 강행했다.

우리는 '불법 공사 해양감시단'이라는 글귀가 쓰인 구명조끼를 입고 카약을 타고 바지선을 향해 갔다. 난생처음 카약을 타고 겨우 공사 현장에 도착했는데 또 넘어가야 할 산이 있었다. 테트라포드가 얼기설기 쌓여 있어 발을 헛디디면 바닷속으로 떨어질 만큼 위험했다. 나는 테트라포드들을 밟고 흔들거리는 다리를 꾸역꾸역 내디뎠다. 이건 그나마 양반이었다. 드라이수트를 입고 영하의 날씨에 바다에 들어가 있는 활동가들은 정말 대단했다. 그런 활동가들을 보고 공사장 인부들은 혀를 내둘렀다. 한 분은 혼잣말로 "도대체 얼마를 받아먹었기에 이 날씨에 저러고 있냐?"라고 중얼거렸다. 저들에게는 오로지 '돈'만이 삶의 절대적 기준인 것인가. 화가 치밀어 올랐지만 꾹 참았다. 우리에게는 '돈'과는 비교도 안 될 만큼 소중한 것이 따로 있었다. 그 이름은 바로 '평화'다. '평화'라는 이름의 고귀한 가치가 우리를 바다에 뛰어들게 했던 것이다.

그러나 우리가, 아니 내가 할 수 있는 것이라고는 거대한 바지선 앞에서 둥둥 떠다니며 제발 이 거대한 폭력을 멈추어 달라고, 바다에 사는 생물들과 강정의 사람들이 죽어가고 있다고 외치는 것뿐이었다. 공사장 아저씨들은 자신들에게 말해 봤자 아무 소용 없다며 높은 사람들 앞에 가서 이야기하라고 했다. 우리는 그러고 싶지만 그 높은 사람들이 우리를 만나 주지 않는다고, 아저씨들이 좀 전해 달라고 부탁했다. 그 와중에도 해경들은 불법 집회를 해산하라며 우리를 괴롭혔다. 누가 불법을 자행하고 있는지 되묻지 않을 수 없었다. 결국 몇 명의 활동가들은 업무방해죄로 해양경찰

2012년 3월 17일.
해군의 침사지 공사를 막기 위해 '불법 공사 해양감시단'을 자처한 평화활동가들은
카약을 타고 차가운 바다에 뛰어들어야 했다.

©Anarchy-Rio

서로 이송되었다. 그들은 해양경찰서는 밥이 1식 5찬이라며, 1식 3찬인 동부경찰서가 아닌 해양경찰서를 자주 애용해야겠다는 우스갯소리를 가지고 돌아왔다.

풀과 같은 우리

하루는 매일 밤 평화관에서 열리는 촛불문화제에 해군기지 공사에 동원된 인부 한 분이 오신 적이 있다. 술을 마셔서 뒤엉키는 발음으로 자신은 속초에서 왔다고 했다. 그곳에 군사기지가 세워지면서 군사보호구역이 되었고, 결국 쫓겨났다고 했다. 그리고 추운 겨울날 돈을 벌기 위해서 제주도로 왔다고 했다. 누구보다 해군기지 사업을 반대하는 자신이 돈을 벌기 위해 아름다운 곳을 파헤치고 있다고 했다. 울면서 삼촌들에게 미안하다고 했다. 자신은 일을 하면서 행복하지도, 즐겁지도 않다고 말했다. 강정마을에 해군기지가 생기면 자신처럼 쫓겨나게 될 거라고, 꼭 포기하지 말고 끝까지 싸우라고 말했다.

그가 우리의 적인가? 그도 우리와 같은 평범한 사람이다. 한번은 경찰과 대치하는 상황에서 이런 생각이 들었다. 우리들은 신원을 숨기기 위해 얼굴을 가리고, 그들은 부끄러움에 얼굴을 가리는 것이라고. 우리 모두가 다 피해자라고. 명령에 따라 우리를 탄압하는 의경들이나, 그런 명령을 내리는 경찰들이나, 경찰들의 비호를 받는 용역들이나 다 보이지 않는 손에 이끌려 그곳에 있게 되었고 모두들 썩은 얼굴로 우리와 마주하고 있었다. 경찰서에서 내 조서를 썼던 제주도 방언이 너무도 잘 어울리는 경찰 언니, 구럼비가 없어졌으면 좋겠냐며 우는 내 눈길을 피하던 그 언니도 피해자다. 용역 깡패 짓을 하며 돈을 버는 사람들도, 국방의 의무 때문에 의경이 되어 공사 업체를 도와주는 청년들도, 자신들의 손으로 해군기지를 짓고 있는 사람들도 모두 피해자다. 진실을 모르는 사람들까지도 모두 피해자다.

이렇게 생각하니 그들이 참 불쌍하고, 또 정작 우리가 싸워야 할 사람들은 보이지도 않으니 허탈하기까지 했다. 마치 허공에 대고 삿대질하는 것처럼 허무했다. 이 모든 게 물거품이 돼 버리면 어쩌나 걱정되기도 했다. 우리 모두가 이렇게 싸워도 끄떡도 하지 않는 그 '높은 사람들'이 참 무서운 사람들이구나 싶었다.

그러나 우리들도 무서운 사람들이다. 한 언니가 나에게 말해 주었다. 그들이 우리를 무서워하는 까닭은 다름 아닌 근성에 있다고. 짓밟혀도 꿋꿋이 일어서는 우리를 무서워한다고 했다. 김수영 시인은 이런 사람들을 보고 〈풀〉이란 시를 썼겠지. "바람보다 늦게 누워도 바람보다 먼저 일어나고 바람보다 늦게 울어도 바람보다 먼저 웃는" 풀처럼 여리고 고운, 그러나 끈질기고 강한, 우리 같은 사람들을 보았겠지.

아름다운 사람들

강정마을 사람들은 정말 아름다운 사람들이다. 강정마을은 아름다운 곳이다. 사람도, 자연도 모두 아름답다. 모두가 하나임을 느낄 수 있는 곳이다. 이런 곳을 떠나오기는 정말 힘들었다. 갈 때는 정말 쉬웠는데……. 강정에 한 달 동안 있을 생각으로 갔지만 개학한 후에도 학교에 돌아가지 않았다. 진지하게 학교를 그만두고 강정에 있을 생각까지 했다. 내가 하고 싶은 것들을 하고 싶어 선택한 대안학교였지만 '학교'라는 어쩔 수 없는 울타리 안에 있어야 했다. 난 그것이 싫었고 내가 주체적으로 하루하루를 색다르게 살고 싶었다. 사람들을 만나며 그들의 삶을 배우고 싶었다. 내가 할 수 있는 것을 하면서 강정에 도움이 되고 싶었다. 그러나 강정에서 내가 무엇을 할 수 있을지, 무엇을 하면 재미있을지를 찾지 못했다. 주변의 만류도 있었지만, 하루하루가 비상인 강정에서 내가 무엇을 해야 할지를 찾지 못한 것이 내가 다시 육지로 돌아온 가장 큰 이유일 것이다. 결국 돌아가기로 마음먹고도 끝까지 떠나기가 싫었다. 난 강정 사람들과 함께하고 싶었다. 함께 춤추고 노래하고 싸우고 싶었다. 특히 내가 떠날 시기가 되자 구럼비 발파가 시작되어 더 떠나오기 힘들었다. 그러나 나를 강정에 보낸 뒤 하루도 맘이 편치 않았다는 엄마를 외면할 수 없었고, 강정 사람들의 걱정 어린 마음을 받아들일 수밖에 없었다. 한 목사님은 내 눈물을 닦아 주며 미래를 부탁한다고 했다. 미래가 없는 싸움은 의미가 없다고. 이곳은 당신들이 책임지겠다고 했다.

결국 난 학교로 돌아왔다. 개학한 지 3주나 지나서야 돌아갔는데도 친구들과 선생님은 날 반겨 주었다. 2주 동안 열심히 학교생활을 했지만 마음이 편치 않았다. 학교에 가정체험학습을 신청하고 또다시 강정으로 갔다. 갈 수밖에 없었다. 괴로웠다. 인터넷을 통해 듣는 강정 소식은 내 마음을 채워 주지 못했다. 강정마을에 있는 동안 글과 사진의 한계를 체감한 터라 더 그랬다. 내가 직접 가서 보고 느끼고 싶은데 그럴 수 없음이 안타까웠다. 무엇보다도 내가 사랑하는 사람들이 아파하고 있는데 그 옆에 있을 수 없음이 견딜 수 없었다. 나에게 여름방학 때 놀러 오면 같이 구럼비 바위에서 놀 수 있게 다 해결해 놓겠다고 호언장담하던 삼촌이 구럼비가 깨어지는 것을 보며 얼마나 고통스러워할지 잘 알면서 멀리서 소식만 듣고 있을 수는 없었다. 외롭게 경찰들과 싸우고 있는 오빠의 사진, 서럽게 울고 있던 언니의 동영상, 구럼비 발파 소리에 방 안에서 힘들어하고 있다는 글들을 보며 구럼비의 아픔에 터져 나오는 울음을 참고 있을 사람들과 함께 울고 싶었다.

그래서 나는 또 온갖 고집을 부려 다시 강정으로 갔다. 그들을 위로해 주기 위해 갔지만 오히려 내가 위로를 받고 돌아왔다. 10일간의 짧은 순간이었지만 매 순간이 오랫동안 기억될 만큼 소중한 시간이었다.

다시 돌아온 학교에서 친구들에게 내가 강정에서 겪었던 일들을 이야기해 주었다. 그 전에는 왜 남의 일에 그렇게 신경을 쓰느냐고 이해하지 못했던 친구들이 다음번에 강정마을에 갈 때 자신도 함께 가자며, 이야기를 듣는 내내 너무 화가 났다고 이야기해 주었다. 고마웠다.

강정을 잃고 싶지 않다

강정에 다녀온 지 5개월이 지난 지금, 강정은 늘 그래 왔듯이 그 사이에도 많은 일이 있었다. 여름에는 '강정평화대행진'이란 이름으로 5일 동안 제주 도보 순례를 진행했다. 해군기지 건설을 반대하는 많은 제주 시민들도 '나는 반대다'라는 팻말을 들고 행진에 참가했다. 아름다운 제주 해변 일대를 한 발 한 발 내딛으며, 참가자들은 이런 곳에 해군기지를 짓겠다는 게 얼마나 잘못된 발상인지 직접 체감하는 기회가 되었다고 말했다. 강정평화대행진은 우리가 결코 혼자가 아니라는 걸, 같은 뜻을 가지고 함께하는 사람들이 이렇게 많다는 것을 확인할 수 있는 시간이었다.

국제적으로도 강정은 많은 관심을 받게 되었다. 지난 5월 30일 UN 인권이사회는 한국 정부에 제주 해군기지 건설 과정에서 나타난 국가폭력에 대해 해명하라고 공식 요구했다. UN 인권이사회 권고 서한에서는 표현의 자유, 평화적 집회에 대한 권리, 국제인

2012년 2월 26일.
제주국제평화대회가 개최된 2월 24일부터 26일에는 각국 환경단체 회원들도 해군기지 건설에 반대하며 평화활동가들과 함께 시위를 벌였다.

ⓒ정용중

권규약을 언급하며 "한국 정부에게 이것을 상기시켜 주고 싶다"고 수차례 표현했다고 한다. 이뿐만이 아니다. 지난 9월 제주에서 열린 2012 세계자연보전총회에서는 세계자연보전연맹의 공식회원 단체인 CHN Center for Humans and Nature이 제주 해군기지 공사 중단을 요구하는 결의안을 제출했다. 그러나 CHN이 제출한 해군기지 공사 중단 결의안은 철회되고 말았다. 세계 정부기관들의 압도적인 찬성으로 말이다. 각국 정부와 비정부기구가 환경보전을 논해야 할 세계자연보전총회 자리에서 일어난 이와 같은 일은 세계자연보전총회의 의미를 무색하게 했다. 이 같은 결과에는 우리 정부가 단단히 한몫을 했다. 강정마을회가 세계자연보전총회에 신청한 부스를 합리적인 이유 없이 불허하고 해군기지 건설을 반대하는 외국 활동가 16명의 입국을 거부했다. 오죽하면 제주도지사가 제주 해군기지 결의안 채택이 무산된 것과 관련해 담당 공무원을 크게 칭찬했을까. 이번 일만 보아도, 합리적인 절차를 밟아 충분한 의견 교류를 통해 진행되어야 하는 국책사업이 얼마나 막무가내식으로, 주먹구구식으로 진행되고 있는지 알 수 있다. 비록 결의안은 철회되었지만 제주 해군기지의 인권적, 환경적 부당성을 세계에 알리는 중요한 계기가 되었을 것이라 믿어 의심치 않는다. 자연은 우리의 것이 아니기에, 우리는 모두 이어져 있기에 우리나라뿐 아니라 세계가 강정과 함께한다. 우리는 이것을 잊지 말아야 한다.

강정평화대행진에 이어 10월 5일부터 11월 3일까지 한 달 동안 생명평화대행진이 진행됐다. '노동자·구럼비·쫓겨나는 사람이 하늘이다'라고 외치며 4주간 전국 주요 도시의 도심, 명소, 투쟁 현장을 방문했다. 이 행진은 국가폭력에 의해 자신들의 자리를 빼앗긴 사람들이 하나가 되어 "우리가 하늘이다!"라며 소리친 위대한 행진이었다. 가난한 사람이 가난한 사람의 아픔을 잘 알듯이 강정마을, 쌍용차, 용산 참사의 피해자들이 서로의 아픔을 함께하며 같이 나아가는 이 연대야말로 진정한 연대라고 나는 단연코 말할 수 있다. 무수한 짓밟힘에도 굴하지 않고 "우리가 하늘이다"라고 말하는 이 사람들이 정말 자랑스럽다. 세상을 살아가며 내가 하늘임을, 네가 하늘임을, 우리가 하늘임을 무던히도 잊고 살지 않던가. 생명평화대행진이 우리에게 이 중요한 사실을 일깨워 주었다. 우리가 결코 잊어서는 안 될, 포기해서는 안 될 가치를 말이다.

나는 지금 당장에라도 강정으로 달려가서 보고 싶은 사람들과 함께하고 싶다. 그러나 강정을 떠나올 때 '여름방학 때 다시 오겠다'고 한 약속을 지키지 못했다. 검정고시를 핑계거리로 들 수 있겠지만, 사실 난 혼란스럽고 두려웠다. 내가 강정마을에 갔다 온 사실에 대해 주변에서는 다양한 반응을 보였다. 용감한 행동이었다며 날 치켜세워 주는 사람도 있었고, 좋은 경험이지만 '소영웅주의'가 아니냐며 따끔한 말을 하는 사람도 있었다. 나는 칭찬해 주는 사람들의 무조건적인 찬사가 불편하고 부담스러웠다. 반면 치기 어린 마음에 강정의 상황은 매혹적으로 다가올 수밖에 없었을 것이라며 좀 더 신중하게 생각하고 행동하라는 충고에는 혼란스러워 아무 말도 할 수 없었다. 강정마을에 왜 갔고, 가서 무엇을 배웠으며, 그럼 넌 무엇을 할 것이냐는 도식적인 질문에 나는 제대로 대답할 수 없었다. 그 모든 걸 짧은 순간에 언어로 담아내기는 불가능했다. 제주 해군기지 건설 문제로 많은 사람들이 각자 다른 생각을 가지고 있는 것처럼, 내가 강정마을에 갔다 왔다는 사실에도 각자 다른 평가를 해 대었다. 무엇을 할 때마다 "그런 행동을 하면 강정에 계신 분들을 욕보이는 일이다"라며 꾸짖거나 "역시, 강정에 갔다 오더니……" 하며 칭찬했다. 나는 내 행동에 대한 평가를 바라지 않았는데 늘 견뎌 내기 힘든 평가들이 뒤따랐다. 아마 난 그것이 두려웠을 것이다. 그래서 쉽사리 강정으로 다시 갈 수 없었을 것이다. 더 단단해지려면 얼마나 더 많이 아파해야 하고 견뎌 내야 하는 건지. 내가 언제쯤 '우리가 하늘'임을 당당히 말하고 다닐 수 있을지. 갈 길이 멀다는 것을 새삼 느끼며 강정을 통해 또다시 배운다.

강정. 나에게는 그 이름만으로 가슴이 벅차오른다. '소영웅주의' 같은 어려운 말은 알지도 못한다. 나는 아름다운 자연과 사람들이 있는 그곳을 '국가안보'라는 터무니없는 이유로 잃고 싶지 않다. 그것뿐이다.

"레저 말고 삶을, 발전 말고 밭전뗴을, 공사 말고 농사짓자!"

두물머리가 내게 남긴 것

02

서새롬 | 성미산학교 인턴교사

saaerom@gmail.com

올해 성년이 되었습니다.

모두의 바람과 달리 주위 현실은 하나도 나아지지 않는 것 같고

갈수록 슬프고 아프다는 사실이 절망스러울 때도 있지만,

그럼에도 기꺼이 지금 내가 서 있는 자리에서

즐겁고 유쾌한 일들을 만드는 사람이 되려 합니다.

이명박 정부는 '녹색 성장'을 앞세우며 2009년 이름만 4대강 살리기인 대규모 토건 사업을 실시했다. 4대강 사업이 착공되었다는 소식을 들었을 때 처음에는 잘못 들었나 싶었다. 거센 여론에 부딪혀서 전혀 실현 가능성이 없다고 생각했던 것이 진행됐기 때문이다. 많은 시민단체, 종교단체는 시국 선언을 통해 편법과 위법을 일삼으며 공사를 강행하는 소통 불능의 꽉 막힌 정부를 규탄했다. 그리고 강과 뭇 생명들을 보호하기 위한 모든 노력을 다했다. 그렇지만 강은 점점 제 모습을 잃어 갔고, 많은 생명들이 사라져 갔다. 지키고 싶었으나 그러지 못했다. 어린 시절부터 한강만 보고 자란 나는 그해 처음으로 진짜 '강'의 모습을 봤다. 그리고 그것은 내가 본 마지막 강의 모습이었다.

4대강 사업이 시작되고 얼마 후 당시 다니던 하자작업장학교에서 낙동강을 찾았을 때, 강 한가운데에서 작업 중인 굴착기를 보았다. 무척이나 이상한 모습이었다. 내가 느낀 감정은 어처구니없음과 '분노'였다. 학생이자 한 명의 시민으로서 우리가 할 수 있는 일이 뭘까 고민하다 4대강 사업 반대 집회와 관련 재판, 미사, 강연회에 참석했다. 때때로 그 자리에서 우리는 노래를 부르고 춤을 추며 강에 대한 우리의 생각을 이야기하기도 했다.

그러다 올해 4월, 나는 다시 4대강 사업 한강 제1공구라 불리는 팔당 두물머리 유기농지를 찾았다. 두물머리는 정부의 일방적인 사업 추진에 맞서 지난 3년간 전국에서 유일하게 4대강 사업 공정률 0%를 지킨 너무나 소중한 곳이다. 우리나라 유기농업의 발원지이고 더구나 상수원 보호 구역이다. 이런 곳을 싹 밀어 버리고 자전거 도로를 만들어 4대강 자전거 길을 잇는 공사를 진행하는 것이 가당키나 한 말인가.

그러나 공정률 0%는 그냥 이루어진 게 아니었다. 길고 힘든 싸움은 상처를 남기기 마련이다. 두물머리에서 농사를 짓던 11농가 중 7가구가 마을을 떠난 것이다. 남은 4가구의 김병인, 서규섭, 임인환, 최요왕 농부만이 계속해서 농사를 지으며 힘겨운 싸움을 이어 가고 있었다. 하지만 국토해양부와 검찰은 이들 중 세 명에게 공사를 위한 측량을 방해했다는 이유로 벌금 폭탄을 부과했다. 농사짓는 것이 죄고, 환경 파괴를 막는 것이 죄가 되는 세상이 됐다.

다행히 그들 곁에는 천주교 신부님과 여러 생활협동조합의 조합원들, 그리고 그들을 지지하는 시민들이 있었다. 신부님들은 생명평화 미사를 봉헌했고, 생협 조합원들은 두물머리의 유기농 채소를 계속해서 공급받았다. 시민들은 빈 땅에 농사를 짓고 생활하며 함께했다. 나도 때마침 티베트 난민의 자립을 돕는 '록빠'라는 단체에서 작목반 형태로 밭을 일구고 작물을 기부하고 있다는 소식을 듣고는, 함께 농사를 지으려고 두물머리를 찾았다. 이번에는 '강'이 아니라 '땅'에, 그리고 멀리 티베트에 있는 사람들에게 관심이 있었기 때문이다. 작목반에 들어갔지만 정작 나는 농사의 '니은 자'도 몰랐다. 친절하게 농사를 가르쳐 주는 농부 아저씨들과 경험이 좀 있는 친구들의 도움이 있었기에 망정이지……. 첫술에 배부르랴. 중요한 것은 내가 농사를 짓고 있다는 사실이었다. 일주일에 한 번 갑갑한 도시를 떠나 농사를 짓는 나의 이중생활은 이렇게 시작됐다.

두물머리에서는 너도나도 어린아이가 되곤 했다. 신발을 벗고, 맨발로 보드라운 흙의 촉감을 느끼며 일하는 게 행복했고 그래서인지 모두들 작은 일에도 웃고 즐거워했다. 멜빵바지를 입고 땀을 흘리며 두물머리 유기농지에서 꼼지락꼼지락 일도 하고 새참을 들고 때가 되면 모여서 함께 밥을 먹었다. 두물머리의 상황을 알리기 위해 호미를 내려놓고 양평 군청으로, 서울 아스팔트 한복판으로 나가기도 했다. 친구들을 모두 불러와 달빛이 넘실거리는 두물머리에서 밤을 지새우기도 했다. 그렇게 봄에서 여름, 여름에서 가을로 계절이 두 번 바뀌는 동안 내가 보고 느끼고 기억하고 있는 '두물머리'에 대해 이야기하려고 한다.

우리에게 발전이 아니라 밭전田을!

햇살은 놀랄 만큼 눈이 부신데 아직 부는 바람이 매섭다. 언 땅을 뚫고 냉이가 자라고, 향긋한 쑥도 군데군데 보인다. 너도나도 비닐봉지며 소쿠리를 들고 쪼그리고 앉아 쑥과 냉이를 캔다. 이때 저절로 나오는 콧노래는 옵션이다. 모두들 이 광경을 보고 말한다. "봄이 왔다"고. 춥고 긴 겨울을 지낸 이 땅이 주는 첫 번째 선물이다. 흙을 탁탁 털어 내고 맑은 물에 씻어서 국도 끓이고, 부침개를 부쳐 먹으면 둘이 먹다 하나가 죽어도 모를 환상적인 '봄의 맛'이다. 두물머리에도 봄이 왔다. 향긋한 봄기운에 취해 농부들의 마음은 들뜨고, 부지런히 몸을 움직인다. 덩달아 나도 부지런히 종종걸음을 옮긴다. 함께 힘을 합쳐 밭의 쓰레기를 줍고 정리하고 작년에 갈무리했다는 씨를 고르고, 비닐하우스의 모종들을 살핀다.

나는 농사의 시작을 알리는 '시농제'의 제주祭主가 되었다. 제는 술을 올리고, 하늘과 땅과 바람과 물과 곡식 신과 두물머리 터줏대감께 한 해 농사를 기원하는 축문을 읽는 것으로 시작했다.

"하늘 신, 땅 신, 바람 신, 물 신 그리고 곡식 신과 두물머리 터줏대감이시여, 이제 오늘 이곳에서 씨앗을 뿌려 4대강 막개발 불복종의 농사를 시작하려 하옵니다. 고운 술과 씨앗들을 올리오니 부디 흠향하시고 저희가 이

땅을 지켜 내년에도 후년에도 계속 땅 살리고 사람 살리는 농사 지을 수 있

도록 두물머리 땅과 농부들과 생명들을 굽어 살펴 주옵소서.”

다 읽은 축문은 태워 날리고 땅에 머리를 대고 절을 하는 것으로
제를 마쳤다. 옆에서 병인 아저씨는 내게 재가 얼마나 멀리 날아가
는지를 보고 한 해 농사를 점치곤 했다고 얘기해 주셨다. 다행히
재가 멀리 날아가 마음이 놓였다. 우리는 모두 마음을 모아 올해도
내년에도 별 탈 없이 두물머리에서 계속 농사를 지을 수 있게 해
달라고 빌었다. 즉석에서 노래판도 벌어졌다. 하지만 어디에나 불
청객은 있기 마련, 그 자리에는 우리들을 감시하는 공무원 50여 명
이 함께 있었다. 공무원들은 우리들 사진을 마음대로 찍어 갔다.
　4대강 공사 완공일이 다가오면 올수록 농부들에 대한 정부의 압
박은 더욱 심해졌다. 친환경적이고 생태적인 유기농업을 한순간에
오염원으로 매도하고, 그곳에서 농사를 짓는 것 자체가 불법이 되
도록 법을 새로 만드는 등 수단과 방법을 가리지 않았다. 강이 흘
러야 하는 것처럼 사람이라면 밥을 먹고 사는 게 당연한데 두물머
리 유기농지를 갈아엎고 자전거 길을 만들겠다며 정부는 또 한 번
자연의 섭리를 거스를 것을 요구했다.
　이날은 두물머리 밭전田위원회의 발족식 날이기도 했다. 서울에
서 6번 국도를 따라 자동차를 타고 오는 길에 신양수대교에서 두
물머리를 향해 고개를 돌리면 2층짜리 컨테이너가 보인다. 더 자

세히 보면 이명박, 노마드, 달군, 홍조, 나주댁, 초록주의, 녹색당, 록빠 작목반, 에코토피아…… 등 다양한 모양으로 빼곡이 적힌 글자들을 볼 수 있을 것이다. 이 이름들은 두물머리에서 직접 경작하고 있는 다양한 연대 세력들의 이름이다. 이들이 바로 두물머리 밭전田위원이고, 이를 통틀어 두물머리 밭전田위원회라고 한다. 두물머리에서 농사를 짓고 있는 록빠 작목반, 에코토피아, 녹색당, 천주교 농부학교, 그리고 가족 및 개인 경작자와 또 직접 농사를 짓지 않아도 그 뜻에 공감하고 함께하기로 마음먹은 사람들의 자유로운 연대체이다. 나 또한 록빠 작목반의 일원에서 '홍조'라는 이름의 독립적인 주체로 참여하기로 한 터라 두물머리 밭전위원이 되었다.

농막과 우리들의 텃밭 사이에 아주 근사한 원두막이 하나 있다. 두물머리를 돌며 버려진 나무를 주워다 손질해서 직접 만든 것이다. 톱도 망치도 제대로 잡아 본 적 없는 초보 목수들의 고군분투를 보다 못한 농부 아저씨들의 찬조 출연이 있어 다행히 튼튼하고 안전한 원두막이 되었다. 원두막에서 우리는 삼삼오오 모여 앉아 밥을 먹기도 하고 누워 낮잠을 자기도 했다. 그렇지만 이 원두막이 가장 빛날 때는, 그 앞에서 밭전위원들이 모일 때다.

밭전위원들이 일단 모이기만 하면 발랄한 아이디어들이 쏟아져 나왔다. 어떤 밭전위원은 음악가 친구들을 불러 홍대 앞에서 작은 후원 음악회를 기획했고, 누구는 엽서를 만들고, 또 누군가는 페이스북과 트위터를 이용해 상황 공유를 하기도 했다. 지난 4월, 양평군이 '4대강 사업을 위해 농민들의 경작을 금지해 달라'며 법원에 '경작 금지 가처분' 신청을 냈을 때는 변호사인 발전위원의 도움을 받기도 했다. 우리는 함께 재판에 제출할 탄원서를 쓰고 모았는데, 2주라는 짧은 시간 안에 전국에서 총 3,691명의 탄원서가 두물머리로 도착했다. 이 기적과도 같은 숫자는 우리에게 큰 힘이 됐다. 진정 고마웠다.

두물머리 유기농지 보존 대작전!

모내기도 끝내고, 우렁이도 풀어 주고, 밭에 작물들이 제법 키가 자라 적당한 지주를 찾아 설치해 주고 나니 눈 깜짝할 새 여름이 왔다. 그 사이 두물머리는 더욱 푸르러졌고, 많은 친구들이 오갔다. 청년들이 그룹으로 농활을 오기도 하고, 쌍용차 와락 가족들도 다녀가고, 음악가들의 생활협동조합인 자립음악생산조합의 조합원들과 교육기본권운동을 하는 자전거 유랑단도 다녀갔다.

"메에에에~" 염소 친구 두두와 모모도 두물머리 식구가 되어 생활을 시작했다. 서울의 자연농 소모임인 '개가 날 불러'도 강변에 터를 잡고 씨를 뿌렸다. 비록 적은 양이지만 록빠의 '사직동 그 가게'에 채소 공급도 본격적으로 시작했다. 두물머리의 여름은 늘 새로운 일로 가득했고, 농작물들은 하루가 다르게 커 갔다. 풀도 함께 무서운 속도로 자라났다. 허브 밭에 유채인 줄 알고 심은 곰보배추를 집에 가져가 김치를 담갔더니 톡 쏘는 맛이 일품이었다. 가장 맛있다는 하지 감자를 캐서 팔기도 했는데 쪄 먹으니 듣던대로 맛이 기가 막혔다. 감자의 이름을 '불복종 하지 감자'로 정한 덕분인지 양평군의 '경작 금지 가처분' 신청은 기각되었다. 농민들과 우리는 승리의 기쁨을 주체할 수 없어 수확한 감자로 전을 부쳐 오붓한 승소 파티도 했다.

수확의 즐거움도 승소의 기쁨도 잠시, 서울지방국토관리청은 농민들에게 농지를 비우지 않으면 8월 6일 강제 철거하겠다는 '행정대집행'을 예고했다. 자진 철거를 하지 않으면, 제3자인 용역을 고용해 철거 등 행정을 대신하고 비용은 '원인 제공자'라는 굴레를 씌워 농민들에게 고스란히 징수하겠다는 겁박이었다. 대규모 국책사업을 이행할 때 국가의 비호 아래 행해지던 무자비하고 잔인한 장면들이 머릿속을 스쳤다. 이 같은 행정대집행은 과거 미군기지를 확장하기 위해 대추리에서, 해군기지를 짓기 위해 강정마을에서 이뤄졌다. 얼마 후 페이스북에서 굴착기를 맨몸으로 가로막고 서 있는 농부 아저씨들과 친구들의 모습을 보았다.

이럴 때 중요한 것은 사람들에게 이 사실을 널리 알리는 거였다. 그래서 밭전위원들은 '두물머리 유기농지 보존 대작전(두유작전)'을 기획했다.

두유작전의 거사일인 7월 18일 수요일 7시, 우리는 촛불 대신

2012년 7월 1일.
알이 굵고 둥글둥글 예쁜 감자를 캐면 수확의 기쁨에 저절로
미소 짓게 된다. 감자의 이름은 '불복종 하지 감자'.

©솔밧

유기농 가지와 오이, 옥수수를 들고 세계 최초 유기농집회를 열었다. 몸뻬 바지와 밀짚모자를 쓰고 밭이 아닌 서울 한복판 대한문 앞에서 신 나게 춤을 추며 "공사 말고 농사!"를 외쳤다. 경찰들도 그런 우리를 보고 고개를 갸우뚱하며 돌아갔다. 여러 사람들이 두물머리를 사랑하는 마음을 담아 한마디 한마디를 이어 갔고 폭우 속에 집회가 무르익자 두유작전을 알리는 선언문을 낭독했다.

이 땅은 '우리 모두의 것'입니다. 그러니 어떻게 이 땅을 이용하는 것이 우리 모두를 위해 좋은지는 사회적 합의를 통해 정해야 합니다. 자전거 도로를 내는 것이 나은지, 수십 년간 이어 온 유기농 농사를 계속 이어 가는 게 나은지. 이 사안에 대한 우리의 제안은 생태 농업의 중요성을 알리며 함께 농사짓자는 대안 모델입니다. 정부는 국민이 대화를 요구하는 데 최소한의 성의를 보이십시오. 합리적 대화로 평화롭게 풀어 갈 수 있는데, 행정대집행 카드를 들고 나오는 것은 공권력의 남용이며, 명백한 반칙입니다. ……
레저 말고 삶을, 발전 말고 밭전을, 공사 말고 농사짓자!

– 두물머리 유기농지 보존 대작전 선언문 중에서

바로 다음 날부터 두물머리 행정대집행 저지와 평화적 해결을 촉구하는 유기농 1인시위가 매일 낮 12시 광화문 광장에서 이어졌다. 농부 최요왕 아저씨를 시작으로 많은 시민들이 1인시위 릴레이에 참여했다. 또 자신들의 동네에 두물머리 상황을 알리는 현수막을 다는 캠페인도 이뤄졌다. 국토청 앞에서 생명평화 기도회도 열렸다. 이 모든 게 동시다발적으로 일어났다. 나도 때때로 퇴근 후 작목반 친구들과 앞치마를 두르고 지하철을 탔다. 달리는 지하철 칸을 돌며 육성으로 두물머리 상황을 알렸다. 두물머리를 함께 지켜 달라고 힘주어 말했다. 그리고 마지막에는 시민 한 사람 한 사람에게 "저희가 농사지은 두물머리 유기농 토마토입니다! 맛있으니 드셔 보세요"라며 자신 있게 유기농 토마토를 권했다. 외면하는 사람들도 있었지만, 힘내라며 응원해 준 사람들도 많았다. 힘이 났다.

유기농 집회에 이은 유기농 행진이 행정대집행을 일주일 앞둔 7월 29일에 서울 명동에서 열렸다. 천주교연대, 여러 생협, 녹색당, 인권단체 활동가들, 4대강 자전거 도로 필요 없는 자전거 라이더들, 대학생나눔문화, 두물머리 텃밭 젊은이들, 그리고 두물머리를 사랑하는 다양한 사람들이 참여해 멋진 유기농 행진을 만들었다. 우리는 4대강 사업이라는 무지막지한 공사를 하는 것도 모자라 행정대집행이라는 폭력적인 방법을 동원하고 있는 정부를 규탄하고, 두물머리 유기농지를 왜 지켜야 하는지 많은 사람들에게 널리 알렸다. 행진은 아름다웠고, 함께하고 있는 나도 그 에너지가 실로 놀라웠다.

한 친구가 책에서 봤다며 이런 얘기를 해 줬다. "사람이 유기농 과일을 들고 있으면 그게 유기농이라는 사실을 몰라도 근육은 반응해서 강해진다"고. 정말 두물머리 사람들은 유기농 기운을 받아서인지 열심히 투쟁했다.

행정대집행 예정일을 이틀 앞둔 8월 4일에는 행정대집행 전야제 행사를 진행했는데 희소식이 들려왔다. 행정대집행이 연기된 것이다. 그러나 우리는 언제 들이닥칠지 모를 용역들을 대비해 두물머리에서 생활하기로 했다. 한여름 피서지처럼 유기농 텐트촌이 개장한 것이다. 유난히 무더웠던 올여름이었지만 두물머리로 정말 많은 사람들이 찾아와 주었고, 함께했다. 우리는 매일 아침 6시에 일어나 산책하는 것을 시작으로 밭에서 딴 유기농 채소들과 전국에서 보내 준 음식들로 즐겁게 식사하고 때때로 유기농 춤판도 벌였다. 오후 3시에는 생명평화 미사를 드리고 날이 어둑해지면 모깃불 옆에서 달도 보고 별도 보며 노래를 불렀다. 하루하루 상황을 공유하는 유기농 집회를 열고, 공연을 하거나 다큐멘터리 〈팔당사람들〉을 함께 보기도 했다. 언제 철거 용역들이 들이닥칠지 몰라 불안에 떨면서도 두물머리 텐트촌은 생기 넘쳤다.

두물머리에서 우리는 두물머리라서 가능한 모든 것을 했다. 두물머리 이곳저곳을 더 많은 사랑과 희망으로 채워 나갔다. 우리에게는 넘치는 에너지가 있었다. 두물머리 유기농 텐트촌의 일상은 생태적 실험과 실천으로 가득했다. 유기농을 직접 몸으로 체험하는 생태 화장실을 만들고, 비록 정글이 되었지만 텃밭도 모두에게 열어 주었다. 비누나 샴푸, 치약은 일절 쓰지 않았고, 작물을 갈무

2012년 8월 15일.
서울 대한문 앞에서 두물머리 개발에 반대하는 세계 최초 유기농 집회가 열렸다.
두물머리 사람들은 몸뻬 바지에 밀짚모자를 쓰고 집회에 참가해 "공사 말고 농사!"를 외쳤다.

ⓒ돌밧

리해 장기 농성을 대비한 저장식을 만들었다. 함께 일하는 재미가 크다 보니 일의 효율도 높았다. 드넓은 감자밭에서 두물머리 흙과 함께 뒹구는 축제를 열기도 했다. 모여 앉아 흙 인형을 빚고 그림을 그리거나 요리 워크숍을 여는가 하면 '말끔하게 투쟁하자!'라는 미용실이 열렸다. 용역과 경찰에 지혜롭게 맞서는 비폭력 워크숍을 개최하고 대안 기술을 시현하는 시간도 가졌다. 모두가 저마다 할 수 있는 일을 즐겁고 힘 있게 해 나갔다. 그러던 와중 8월 14일 천주교의 중재로 극적 합의가 이뤄져 행정대집행을 막아 냈고 약 2주간의 텐트촌 생활도 막을 내렸다. 합의 내용은 농민들은 농토와 비닐하우스 등을 자진 철거하고 차후 두물머리 전체에 민관 협의를 통한 생태학습장을 조성한다는 것이다.

두물머리가 내게 남긴 것

돌이켜 보면 두물머리는 내게 정말 많은 것을 가르쳐 줬다. 이제 나는 밭에서 방금 따 온 유기농 채소가 얼마나 맛있는지, 또 그게 얼마나 다양한 모양인지, 해는 언제 가장 높게 뜨고, 달빛이 얼마나 밝고, 바람은 어디에서 불어오는지 경험을 통해 알고 있다.

외부에서 두물머리를 위협하는 굵직굵직한 사건들을 빼고 나면 두물머리의 일상은 꽤 단순하고 대체로 평화로웠다. 식물들은 햇빛과 물과 계절이 변함에 따라 커 가고, 그 리듬을 따라 사람들도 몸을 움직이기 때문이다. 특히 유기농은 인간이 할 수 있는 가장 최소한의 것만을 한다. 내가 만난 두물머리 농부들은 땅을 믿고 아주 조심스럽게 마음을 모으고 정성을 들였다. 땅과 작물을 대하는 모습에는 진실함이 가득해 그 모습을 보며 나는 사람과 자연을 대하는 태도를 배웠다. 그리고 그분들과 함께 강을 바라보고 흙을 만지고 바람을 느끼고 계절에 따라 식물들이 커 가는 것에 감사를 올렸다.

두물머리 밭에서 씨를 뿌리고 물을 주고 풀을 베고 수확하고 모여서 밥 먹고 막걸리도 한잔하고 노래도 하고 웃고 떠들었던 지난 시간들을 떠올려 본다. 나도 논에 있는 벼와 밭의 오이와 딸기와 아욱과 토마토와 옥수수와 부들과 함께 자라고 있었다는 것을 비로소 깨닫게 되었다. 그러니까 실은 이 땅이 우리 모두를 키우고 있고, 햇빛과 바람과 함께 춤추고 있었던 것이다. 눈물이 왈칵 쏟아졌다. 강을 막고 파헤치는 4대강 사업이 얼마나 터무니없고 무모한 짓인지 머리에서 가슴으로 그리고 오감으로 느껴졌다.

나는 이제야 비로소 왜 모두가 이곳, 두물머리를 사랑하고 있었는지 알게 된 기분이다. 두물머리라는, 우리 모두가 마음 놓고 드나들 수 있는 땅의 소중함과 그 땅을 아주 힘겹게 지켜 주었던 네 명의 농부들의 투쟁의 의미도 이제야 알 것 같다. 농부 김병인 아저씨는 한 인터뷰에서 이렇게 말했다. "이명박이랑 4대강 사업을 추진한 사람들은 감옥만 갔다가 나오면 끝이지만, 상처받은 농민

들과 죽어 간 생명들은 어쩔 것이여.” 이 땅과 강을 지키는 투쟁이
라는 게 결국은 우리의 삶과 생명을 지키는 일이고, 우리들 삶은
이처럼 땅과 강과 다른 생명들과 동떨어져 있지 않다는 것을…….
또 지킨다는 것은, 지금의 모습을 기억하고 언젠가 다시 원래대로
돌려놓아야 하는 일이라는 것을 알았다. 자연에서 인간이 마음대
로 할 수 있는 건 아무것도 없다. 많은 인간들이 ‘할 수 있다’고 생
각하는 것일 뿐.

두물머리에서 만난 대부분의 사람들은 서로가 어디에 살고 있
는지도 무슨 일을 하는지도 잘 몰랐다. 그 사람의 전부를 알지는
못했어도 함께 밭을 일구면서 자연스럽게 친구가 되었다. 너나 할
것 없이 이방인인 우리들에게 그런 두물머리는 특별한 장소가 되
어 주었다. 특히 농부 아저씨들은 친구처럼, 든든한 형님처럼, 때
로는 큰 선생님처럼 늘 곁에 함께 있어 주었다. 아저씨들과 보낸
시간이 길진 않지만 그 시간을 소중히 기억하고 싶다.

우리 이방인 집단은 두유작전이 아직 끝나지 않았다고 말한다.
오히려 새로운 시작이라고 서로 북돋아 준다. 지금은 작당을 하던
아지트를 떠나 다시 각자 자기 삶의 자리로 돌아갔지만, 두물머리
가 우리에게 보여 주고 들려주고 알려 준 것들을 잊지 않으며 누
군가를 보듬고 지키고 키우고 살리는 일을 하자고, 그리고 때가
되면 약속이나 한 듯이 하나 둘 다시 모이자고 말이다.

요새는 도시의 빈 땅들이 눈에 보인다. 내 안에 숨겨진 경작 본

능이 깨어나서 그곳에서 다시 뭔가를 길러 내고 싶은 마음이 간절하다. 언젠가 아스팔트를 걷어 내고 경작을 할 수 있는 날이 오길 기다리며, 늘 아스팔트와 시멘트 속에 가려지고 파헤쳐지고 잘린 땅과 강과 산과 바다가 있다는 것을 잊지 않기를, 이 땅에 평화가 가득하길 바라며…….

끝으로 두물머리 유기농 텐트촌 농성장에 걸려 있던 마리오 베네데티의 〈아래 있는 사람들〉이란 시를 소개한다.

작고 보잘것없는 '다른' 모든 이들에게

이제 곧 권력에 눈먼 사람들이 올 거야

세련되고

불성실하고

약간 야만적인 사람들

산과 계곡을 소유한 사람들

홍수와 지진을 소유한 사람들

기준 없는 기준을 가지고 있는 사람들

자비로우면서 인색한 사람들

교양과 친절, 청구서를 걸치고 있는 사람들

시간의 우편함에 갇혀 있는 사람들이

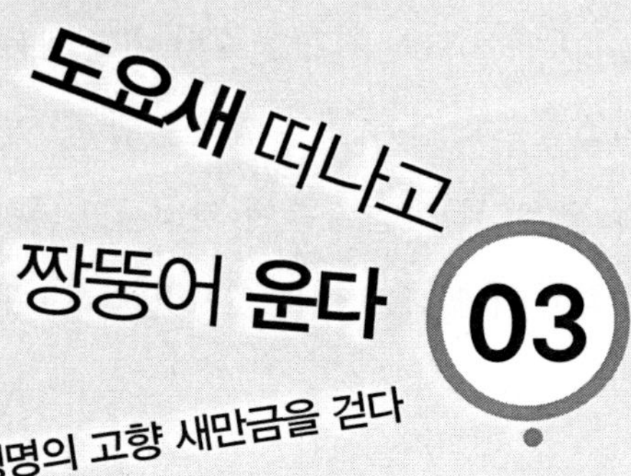

서재협 | 서울 중산고

huzyy@naver.com

대모산 기슭에 살고 있습니다.

서울이라고 믿기 힘들 정도로 숲과 공원으로 둘러싸인

자연친화적인 곳이에요.

여가 시간에 하는 거라곤 운동이 전부인 고등학생이지만,

자연이 훼손되는 것을 싫어하고

가슴 아파하는 열일곱 소년입니다.

올해 다시 찾게 된 새만금에서 나는 3년이란 시간의 공백을 찾을 수 있었다. 생명을 품었던 드넓은 갯벌은 온데간데없고 메마른 땅에는 풀들만이 무성하게 자라나 있었다. 이제 육지가 되어 버린 새만금은 앞으로 또 얼마나 많은 슬픔을 드러내 보일지 두려웠다.

매년 여름이면 환경과생명을지키는교사모임(이하 환생교) 선생님들과 학생들은 일주일 동안 새만금 바닷길을 걷는다. 올해가 10년째라고 하니 강산이 변할 만한 세월이다. 하지만 우리는 그 변화를 거부한다. 개발이라는 미명하에 자연을 파괴하는 변화를 반대하기 위해 한여름 더위와 싸워 가며 그 길을 걸었기 때문이다.

우리의 바람과 달리 강산은 변하고 말았다. 2006년 물막이 공사를 마친 새만금방조제가 2010년 준공됐다. 전라북도 군산시에서부터 부안군 변산까지 대략 33km에 이르는 바다를 가로지르는 거대한 방조제가 만들어진 것이다. 무려 401km², 여의도 면적의 140배에 달하는 바다를 가로막아 만든 세계에서 가장 긴 방조제로 기네스북에까지 등재됐다고 한다. 하지만 새만금방조제와 간척 사업으로 인한 환경 파괴도 기네스북감이라는 것을 우리는 잊지 말아야 한다. 새만금의 무수한 생명들에게 세계에서 가장 긴 방조제는 죽음의 장벽일 뿐이고, 여의도 면적의 140배에 달하는 간척지는 그 생명들의 무덤이 될 것이기 때문이다. 새만금 주민들 역시 마찬가지다. 삶의 터전이었던 바다와 갯벌을 한꺼번에 잃어버렸다.

나를 새만금으로 이끄는 것들

내가 새만금 바닷길을 처음 걷기 시작한 때는 2006년, 초등학교 4학년인 열한 살 때였다. 그 후로 계속해서 매년 여름방학 때마다 걸었으니 지난 7년 동안 새만금의 변화를 지켜봐 온 셈이다. 물론 지난 2009년과 2010년은 개인적인 사정으로 걷지 못했다. 지난해도 마지막 날 딱 하루만 참여해 차마 걸었다고 하기에도 민망하다. 하지만 그 하루가 올해도 어김없이 나를 새만금으로 이끌었다. 3년 만에 다시 찾은 새만금의 모습에 나는 놀랄 수밖에 없었다. 드넓은 갯벌은 사라지고 사막과 풀이 무성한 황무지로 변해 있었다. 그 광경을 보며 내년에는 꼭 풀코스를 걸어야겠다고 속으로 다짐했다. 급격하게 육지화되고 있는 새만금의 모습을 내 눈으로 확인하고 싶었다.

새만금 바닷길 걷기는 전북 부안군 어민들이 2000년부터 새만금살리기운동 차원으로 부안군 해창리에서 군산 비응도에 이르는 180km 해안길을 걸은 데서부터 시작했다. 이후 2003년부터 환생교 교사들이 동참해 걷기 시작하면서 코스도 변해 갔다. 지금은 매년 코스를 바꿔 가며 걷는데 군산에서부터 걷기 시작하는 해도 있고, 반대로 부안군 변산에서부터 걷는 해도 있다. 올해는 군산의 하제에서부터 걷기 시작했다. 참가자들은 우선 내초도에 있는 교회에 들렀는데 새만금반대운동에 참여한 목사님이 계시는 곳이다. 목사님은 늘 인자한 미소로 우리를 반갑게 맞아 주신다. 더운 날에는 아이스크림을 사 주시는 센스쟁이기도 하다. 이 교회 앞에는 유명한 나무 조각상이 하나 있다. 커다란 숭어 조각상이다. 한때는 갯벌 위에 위풍당당한 모습으로 서 있었지만 올해 다시 가 보니 풀숲에 묻혀 가고 있었다. 조각상 옆에 부서진 조그마한 모터 배가 없었다면 이곳이 전에는 갯벌이었다는 사실도 짐작하기 어려웠을 것이다 . 숭어 조각상의 입안에는 풀이 자라고 있었는데 새만금의 육지화를 상징적으로 보여 주는 것 같았다. 주변을 둘러보니 선생님들은 초등학생 참가자들에게 숭어 조각상과 주변 환경의 변화에 대해 열심히 설명하고 계셨다. 아이들은 별 감흥 없이 이야기를 듣고 있는 듯했다. 7년 전 나 역시 그랬다.

당시엔 그냥 새만금이라는 장소에 가서 즐기는 캠프쯤으로 생각했다. 하지만 막상 새만금 바닷길을 걸어 보니 만만치 않았다. 뜨거운 태양 아래를 걷는 동안은 덥고 힘들어 투덜댔고 집으로 돌아가고 싶은 마음뿐이었다. 갯벌이나 바다에서 물놀이하는 시간이 없었다면 아마 버티지 못했을 것이다. 당시 나는 새만금에 대해 잘 알지 못했고 바닷길을 걸어야 하는 이유도 그저 막연히 이해하고 있을 뿐이었다. 한여름 햇볕은 뜨겁다 못해 따가웠다. 더위는 아무리 걸어도 익숙해지지 않는다. 모자를 쓰고 손수건에 물을 묻혀서 목에 걸고 긴 바지와 긴 팔 옷을 입고 걸어야 했다. 물통을 들고 걷는 것조차 힘들었지만 물을 구하기도 쉽지 않아 조금씩 아껴 가며 마셔야 했다. 탈수로 체내에 염분이 모자랄까 봐 선생님들이 나눠 주는 죽염 조각도 먹어야 했다. 해안길을 따라 걷다 보니 자연스레 갯벌 위를 걸을 때가 많았다. 바닷물이 차 있어서 길을 잘못 들면 한참을 돌아서 나와야 했다. 질벅한 갯벌에 발이 빠져 지치고 더워 힘들어 죽을 것만 같았다. 체력을 비축하기 위해서는 갯벌에 발이 빠지지 않도록 단단해 보이는 곳을 찾아서 걸어야 했다. 한여름에, 그것도 바닷길을 걷는다는 것은 이처럼 힘들었다. 그래서인지 밥 먹는 시간이 되면 한 그릇씩 뚝딱 먹어 치웠다. 대신 나무 한 그루와 담벼락이 만든 그늘의 고마움을 알게 됐다. 마을을 지날 때면 식수도 구하고 화장실도 사용했다. 집 마당 수도에서 시원하게 등목을 하고 나면 세상을 다 얻은 듯한 기분이 들었다.

이렇게 고된 새만금 바닷길을 우리는 왜 계속 걷고 있는 것일까? 이미 방조제가 완공되어 버렸고, 끔찍하게 변해 버린 새만금을 보는 것은 고통스럽기만 한데도 말이다. 미래 세대인 우리에게 어른들의 잘못을 보여 주어 이런 아픔이 되풀이되지 않기를 바

2012년 8월 4일.
더 이상 갯벌이라고 부를 수 없는 메마른 땅을 걷고 있는 참가자들.

ⓒ환경과생명을지키는교사모임

라기 때문일 것이다. 변해 가는 새만금의 모습을 보면 안타까움과 아쉬움이 생기고 먼저 걸은 사람으로서 새만금의 아름다움과 신비를 다른 사람들에게 전하고 싶은 마음이 자연스럽게 생긴다. 이것이 우리가 매년 새만금을 다시 찾는 이유이고, 선생님들이 매년 새만금 걷기를 주최하는 이유일 것이다.

걷다 보면 눈에 익은 듯하면서도 낯선 장소를 만나게 된다. 그럴 때면 무언가가 가슴을 찌르는 것 같다. 걷는 동안 자연스럽게 뇌리에 박힌 갯벌의 감촉, 주변의 풍경 같은 과거의 기억과 현재의 모습에서 오는 괴리 때문에 느껴지는 고통이었다. 왜 당시에는 도요새와 농게, 망둥이를 보고 만지면서 좋아하기만 했지 그 소중함을 알지 못했을까. 그때는 어려서 언제까지나 새만금 갯벌과 그 안의 생명들과 함께할 수 있을 거라고 생각했기 때문일 것이다.

생명의 고향에서 무덤으로

2006년에 물막이 공사가 완료되고 나서부터 갯벌이 점점 말라가기 시작했다. 더 이상 바닷물이 유입되지 않자 2008년부터 갯벌은 사막과 초원으로 바뀌어 갔다. 염분이 있는 곳에서만 자라는 식물인 칠면초 대신 갈대가 자라기 시작했다. 늘 걷던 바윗길에는 잡초가 솟아나고 곳곳에 어린 나무들이 자라나고 있었다. 걷는 내내 갯벌을 걷는 것인지 아니면 풀밭을 걷는 것인지 헷갈릴 정도였다.

갯벌은 말라서 보도블록처럼 갈라져 있었다. 갯벌을 대표하는 생명인 게들도 말라 죽어 갔다. 게들이 살던 게 구멍에는 게 대신에 물가파리라는 벌레들만이 날아다녔다. 망둥이마저도 보이지 않았다. 4년 전만 해도 갯벌을 걸을 때면 이리저리 폴짝폴짝 뛰어다니는 짱뚱어와 망둥이들이 가장 먼저 우릴 반기곤 했다. 혹시나 생명이 다 죽진 않았을까 걱정하며 바닷길을 다시 찾은 우리에게 큰 눈을 깜빡이며 폴짝폴짝 뛰어다니는 녀석들은 아직 갯벌이 살아 있다고 외치는 것 같아 안도할 수 있었다. 갯벌에 들어가서 망둥이를 잡아 관찰도 하면서 살아 숨 쉬는 갯벌 생명을 직접 경험하며 행복해했다. 하지만 지금은 다 말라비틀어져 그리운 얼굴들을 만날 수 없게 됐다.

새만금을 걸을 때마다 가던 칼국수집은 더 이상 동죽이 나지 않자 칼국수의 이름마저 바꾸었다. 전에는 갯벌에서 신 나게 뛰어놀다 지칠 때쯤이면 동죽 등 조개가 듬뿍 들어 있는 맛있는 칼국수를 먹을 수 있었는데……. 이러다가 칼국수집마저 사라지는 건 아닌지 걱정됐다. 계화도에서는 백합죽을 먹기로 예정되어 있었는데 결국 못 먹었다. 계화도는 인근 거전갯벌과 함께 국내에서 백합 생산량이 가장 많은 곳이었다. 하지만 지금은 백합이 거의 잡히지 않아 메뉴를 다른 걸로 바꿔야만 했다.

우리나라에서 가장 큰 갯벌 중 하나였던 새만금이 이렇게 망가져 가는 상황이 너무 안타까웠다. 한때는 길을 걷다 보면 모래처

럼 무수히 많은 게들이 순식간에 게 구멍으로 숨어들던 장면이 생
각났다. 다행인지 불행인지 올해도 커다란 바위틈에 있는 물웅덩
이에서 농게 몇 마리를 발견했다. 조금이라도 더 살아 있기 위해
물웅덩이를 찾았을 녀석들을 생각하니 기특하기도 하고 슬프기도
했다. 바로 앞이 갯벌이었는데도 불구하고 바위틈 사이 조그만 물
웅덩이에 모여 살 수밖에 없는 게들의 미래가 걱정됐다.

갯벌 생명들이 사라지자 도요새도 더 이상 새만금을 찾지 않고
있다. 도요새는 월동을 위해 시베리아에서 멀리 남반구의 뉴질랜
드까지 날아가다가 봄가을이면 우리나라에 들르는 나그네새이다.
그중에서도 새만금은 갯벌 생물들이 풍부해 매년 수많은 도요새
무리가 찾아왔다. 특히 옥구염전 주변에 도요새들이 많이 몰려들
었다고 하는데 이젠 아주 적은 수의 도요새만을 찾아 볼 수 있다
고 한다. 도요새 무리가 떼 지어 날아다니는 아름다운 풍경이 펼
쳐졌을 옥구염선은 이제 폐허가 되어 버렸다.

삶의 터전을 잃어버린 사람들

새만금방조제는 자연과 동식물에게만 피해를 입힌 것이 아
니다. 삶의 터전을 잃어버린 것은 사람들도 마찬가지였다. 도요새
의 군무가 펼쳐졌던 옥구염전도 2004년 염전으로서의 역할을 마
감했다. 옥구염전은 그 넓이가 24만 평이나 되어서 1,800군데나

있었던 서해안의 염전들 중에서도 2번째로 큰 염전이었다. 그만큼 염부들도 많았다. 하지만 새만금방조제가 만들어지면서 더 이상 바닷물이 들어오지 못해 소금을 만들 수 없게 되었다. 몇 년 전 마지막으로 옥구염전에 가 보았을 때 바닷물을 가둬 소금을 만들었을 땅은 바싹 말라 갈라져 있었다. 사무실과 소금창고는 버려져 무너져 가고 있었다. 옥구염전을 삶의 터전으로 삼았을 그 많은 염부들은 지금 어디서 무엇을 하고 있을까? 굵은 소금 알갱이를 씹은 듯 입안이 쏩쓸했다.

심포라는 지역에 들렀을 때 마을 정자에 계시던 한 어민에게서 새만금방조제로 인한 피해 상황을 들을 수 있었다. 만경강 하구에 있는 심포는 마을 앞 바닷물이 넘쳐 마을이 침수되고 배가 뒤집힐 정도로 수위가 높고 물살도 강한 곳이었다고 한다. 하지만 지금은 수위가 낮아지고 물살이 느려져서 배를 띄우기조차 힘들다고 했다. 새만금방조제 때문이다. 매년 봄이면 만경강 하구로 무수히 올라오던 실뱀장어도 사라졌다고 했다. 방조제에 막혀 실뱀장어들이 만경강 하구까지 들어올 수 없기 때문이다. 실뱀장어는 다른 어류나 조개 등에 비해 가격이 비싸 봄철 어민들의 주요 수입원이었다고 한다. 혹시나 해서 새만금방조제 밖에까지 나가서 실뱀장어를 잡아 봤지만 이윤을 남길 정도로 잡히지는 않았다고 한다. 이미 산란처와 서식지가 파괴되었기 때문이다. 이처럼 새만금방조제는 어민들의 생계를 위협하고 있었다.

어촌계장님의 말씀을 들을 기회도 있었는데 더 이상 배를 띄울 수 없어 자신의 생명과도 같던 배를 어쩔 수 없이 팔았다고 한다. 하지만 정부가 내놓은 보상금은 생계를 잃은 어민들에게는 턱없이 적었다고 했다. 차라리 새만금방조제를 매일 잠깐씩 열어 배가 다닐 수 있게끔 해 주면 어업을 계속하고 싶다고 했다. 평생을 바다와 함께한 어민들에게 새만금방조제는 삶의 터전을 빼앗아 생계를 위협하고 있었다.

이처럼 직업과 일터를 빼앗긴 주민들은 먹고살기 위해서 공공 근로에 투입되기도 하는데 그 상황이 안타깝고 가슴 아프다. 보통 간척 사업이 진행되면 수분이 빠진 갯벌의 모래와 흙이 바람에 날려 민원이 많이 발생한다고 한다. 새만금도 갯벌이 말라 가면서 모래가 날리기 시작했다. 그러자 정부에서는 주민들을 동원해 모래를 잡아 줄 식물을 심게 하고 있다. 생계를 위해 한때 자신들의 삶의 터전이었던 바다와 갯벌을 파괴하는 일에 동참해야 하는 슬픈 상황이 연출되고 있는 것이다.

과거를 좇고 있는 새만금

새만금 걷기 일정의 첫날에는 완성된 방조제의 한쪽 끝을 살펴보는 시간을 가졌다. 방조제 위를 걷는 동안 내 귓가엔 사라진 생명들의 슬픈 메아리가 맴도는 것 같았다. 한 걸음 한 걸음 발을 디딜수록 그들의 슬픔이 더해져 몸이 무거워졌다. 솔직히 화가 났다. 나에게 초인적인 힘이 있다면 두텁고 견고한 방조제를 부수고 전처럼 바닷물이 왕래할 수 있도록 물길을 터 주고 싶었다. 그리고 언젠가는 이 방조제가 사라져 새만금이 다시 살아날 수 있기를 바랐다. 바닷물이 다시 들어오면 사라진 생명들도 다시 돌아오고 삶의 터전을 되찾은 주민들의 상처도 치유될 것이기 때문이다.

다른 나라들은 이미 오래전부터 역간척逆干拓이나 갯벌 복원이 활발하게 진행되고 있는데 우리나라는 왜 바보 같은 간척 사업을 계속하고 있는지 모르겠다. 자연을 파괴한 대가는 고스란히 인간에게 돌아온다는 귀중한 교훈을 얻은 지 오래인데도 이처럼 시대를 역행하는 이유를 모르겠다.

국토의 절반이 바다보다 낮은 곳에 있어서 자연재해를 막기 위한 방편으로 간척 사업을 해 왔던 네덜란드도 2001년부터는 역간척을 선택해 방조제를 부수고 갯벌을 복원하고 있다. 그 이전인 1978년에는 독일, 덴마크와 협정을 맺어 유럽 최대 갯벌인 바덴해Wadden Sea의 갯벌을 복원하기 위해 간척 사업을 중단한 바 있다. 미국 역시 막대한 비용을 들여 갯벌을 복원하고 있다. 전체 갯벌의 50% 이상을 훼손한 후 그 중요성을 깨달았기 때문이다. 2004년 조지 부시 대통령이 1만 2,140km²의 갯벌을 복원하겠다고 발표한 이후 지금까지 꾸준히 그 노력을 지속하고 있다. 가까운 일본도 마찬가지다. 1980년대부터 갯벌 복원 사업을 추진하고 있다. 지난

50여 년 동안 갯벌의 40%를 잃었던 일본은 갯벌 복원뿐만 아니라 인공 갯벌 조성에도 적극적이다.

갯벌은 그 존재만으로도 충분한 가치를 지닌다. 해일과 같은 자연재해의 피해를 줄여 주며 바다 생물에게 먹이와 영양을 공급하고 자정작용을 통해 환경오염을 줄여 생태계의 균형을 맞춰 왔다.

국토해양부도 갯벌 1ha당 연간 평균 가치를 3,919만 원으로 추산한 바 있다. 이처럼 그 자체만으로도 엄청난 경제 효과를 지닌 갯벌의 가치를 무시하고 고작 관광단지를 만들어 지역 경제를 살리겠다고 하는 정부의 발상을 이해할 수 없다. 산을 파헤치고 바다를 메우고 골프장을 건설하는 것이 개발이고 발전인가! 환경 파괴 문제가 거론되어 새만금방조제 공사가 중단되었을 때도 있었기 때문에 정부도 이를 모르지는 않을 것이다. 넓고 아름다운 갯벌을 보호해 주민들에게 삶의 터전을 돌려주고 아이들의 체험 학습장으로 활용하는 것이 국가적으로 더 큰 이익이라는 사실을 지금이라도 깨우쳤으면 좋겠다.

자연의 끈질긴 생명력을 믿는다

올해 새만금 바닷길 걷기는 육체적인 고통보다 심리적으로 많이 힘들었다. 눈길 닿는 곳마다 굴착기 등 중장비들이 흙먼지를 날리며 소란스럽게 움직였다. 내 추억과 새만금의 생명들이 파괴

되는 소리 같아 마음이 아팠다. 마음 같아서는 달려가 모든 중장비를 멈추고 무슨 짓을 하고 있는지 일깨워 주고 싶었지만 선뜻 용기를 내지 못했다. 사실 내겐 힘이 없다. 마음 같아선 절대자의 힘이라도 빌리고 싶었다. 새만금이 지켜지길 간절히 바랐기 때문이다. 새만금반대운동에 참여한 어른들도 마찬가지였을 것이다. 부안군 해창갯벌에는 새만금을 지켜 달라는 의미로 주민들이 함께 세운 장승들이 있다. 장승 아래서 제사를 지내는 어른들의 모습은 어린 내 눈에도 간절해 보였다. 하지만 올해 다시 찾은 해창갯벌은 방조제에 가로막혀 있고, 웅장했던 장승은 껑충하고 초라해 보였다. 새만금방조제가 완공된 사실을 알고 있었음에도 장승 뒤로 저 멀리 보이는 방조제를 본 순간 무력감이 엄습했다. 김제에 있는 망해사에서도 비슷한 느낌이 들었다. 망해사에는 주변 풍광이 한눈에 들어오는 망해대가 있는데, 전에는 끝없이 펼쳐진 바다를 볼 수 있었다고 한다. 하지만 내가 망해대에서 본 것은 말라비틀어진 갯벌과 호수로 변해 버린 바다가 전부였다.

그렇다고 마냥 무력감에 젖어 있었던 것만은 아니다. 고등학생이 되어 선두 그룹에서 걷게 되면서 길을 내는 일에도 참여했다. 내 키보다 큰 풀들이 자라는 등 초원으로 변해 버린 갯벌을 걷기 위해서는 거미줄을 제거하며 수풀을 헤치고 나아가야 했다. 뒤에 오는 사람들을 위해서 선두에 선 내가 감당해야 할 몫이었다. 뒤따라 걸을 때는 원래 길이 나 있는 곳인 줄만 알았는데 누군가의 희생과 배려로 만들어진 길이었음을 깨닫게 되었다. 수풀이 뒤덮인 새만금을 힘들게 걸으면서 뒤에서 걷고 있을 아이들을 생각했다. 그 아이들에게 새만금이 초원이나 사막으로 기억될까 봐 안타까웠다. 내 어린 시절에 보았던 새만금을 그 아이들에게도 보여주고 싶었다. 아이들을 돌보며 걸을 때면 항상 새만금의 원래 모습에 대해 이야기해 주었다. 짱뚱어와 망둥이가 뛰어놀고 농게로 뒤덮였던 갯벌을 이야기했다. 그러면서 내년에도 아이들을 돌보며 새만금을 걷고 싶다는 생각을 했다. 새만금방조제가 완공됐지만 계속해서 새만금 바닷길을 걷고 있는 선생님들의 마음 또한 나와 다르지 않을 것이다. 바위틈 작은 물웅덩이에서 만난 농게처럼 희망의 끈을 놓고 싶지 않다. 우리의 기억 속에 새만금이 있는 한 떠나 버린 도요새도 숨어 사는 농게도 짱뚱어와 망둥이도 끈질기게 살아남아 다시 돌아오리라 믿기 때문이다.

마지막으로 안도현 시인의 〈왜가리와 꼬막이 운다〉라는 시를 소개한다.

바다의 입이 강이라는 거 모르나

강의 똥구멍이 바다 쪽으로 나 있다는 거 모르나

입에서 똥구멍까지

왜 막느냐고 왜가리가 운다

꼬들꼬들 말라가며 꼬막이 운다

갯벌에서 폴짝폴짝 뛰는 망둥이와 큰 집게발이 당당한 농게를
새만금에서 다시 볼 수 있으면 좋겠다.

ⓒ환경과생명을지키는교사모임

"성미산마을에 살으리랏다" 04

우리 산, 성미산을 지키기 위한 싸움

이지훈 | 성미산학교

jihun010@naver.com

성미산학교 11학년입니다.

어릴 적부터 성미산에서 뛰어놀다 보니

자연친화적 감수성이 발달했습니다.

지난 2009년, 홍익대로부터 성미산을 지키기 위한

싸움에 참여했습니다.

그때 가졌던 열정과 감수성을 잃지 않고 살아가기 위해

노력하고 있습니다.

성미산마을에 살기 시작한 것은 8년 전인 2004년, 초등학교 3학년 때이다. 그때는 단순히 이사하는구나 싶었는데 나중에 알고 보니 부모님께서는 나를 성미산학교에 보낼 요량으로 일부러 이 지역을 선택하셨다고 한다. 무엇보다 성미산마을에서 내가 성장하길 바라는 마음이 크셨다고 한다. 당시는 서울시의 배수지 공사를 막아 낸 1차 성미산 싸움으로 마을이 한창 유명세를 타던 시기였다. 공동체와 생태 등의 가치를 소중히 생각하는 사람들이 성미산마을로 모여들었고 우리 가족도 그중 하나였다.

처음부터 성미산학교에 다닌 것은 아니다. 일반 초등학교에 다니면서 지금의 방과후학교처럼 오후에만 성미산학교에 다녔다. 당시 성미산학교는 개교를 앞두고 한시적으로 미소학교라는 이름의 예비학교를 운영하고 있었다. 나는 친구들과 신 나게 놀 수 있는 미소학교가 좋았다. 그래서 2004년 9월 성미산학교가 정식으로 개교한 후 다니던 학교를 그만두고 성미산학교에 다니기 시작했다. 짐작했겠지만 성미산학교는 마을에서 만든 대안학교이다. 학교생활은 신 나고 즐거웠다. 아이들의 생태적 감수성을 키우는 활동과 놀이 위주의 수업이 많았고 특히 성미산에서 뛰어놀며 많은 시간을 보냈다. 매주 한 번 숲속학교도 진행됐다. 마을 어른과 학부모들이 선생님이 되어 아이들과 함께 성미산의 동식물도 관찰하고 함께 놀아 주었다. 우리들에게 성미산은 학습 공간이자 놀이터였다.

"우리 산이야!"

성미산마을로 이사 온 후 내 어린 시절은 성미산을 빼놓고는 이야기할 수 없다. 나무 막대기로 칼싸움도 하고, 우리만의 아지트를 만드는 등 성미산 곳곳에 친구들과의 추억이 배어 있기 때문이다. 장승이 있던 터, 비둘기 동산 등 여러 곳이 기억에 남지만 가장 좋아했던 곳은 잣나무 숲이었다. 말 그대로 잣나무가 군락을 이루고 있던 곳이었다. 잣나무들이 적당한 간격으로 자라고 있어 공간도 널찍해 친구들과 마음껏 뛰어놀 수 있었고, 왠지 모르게 마음이 편안해져 휴식을 취하기에도 좋았다. 1차 성미산 싸움에서 승리한 게 다행이라고 생각할 만큼 잣나무 숲은 소중한 곳이었다.

직접 경험하진 않았지만 1차 성미산 싸움에 대해 잘 알고 있었다. 성미산마을이 지금과 같은 지역공동체로 발전하게 된 결정적 계기여서 학교에서 공부도 했고, 〈우리 산이야〉라는 다큐멘터리도 보았기 때문이다. 내가 알고 있는 1차 성미산 싸움의 과정은 대략 이러하다.

2003년, 서울시는 마을 사람들의 반대에도 성미산에 배수지를 짓기 위해 정상 부근의 나무를 벌목했다. 마을 사람들은 성미산을 지키기 위해 벌목된 성미산 정상에서 105일 동안 텐트 농성을 벌였다. 낮에는 엄마들이, 밤에는 아빠들이, 공사를 막기 위해 텐트를 치고 성미산을 지켰다. 2만여 명의 반대 서명을 받고 촛불집회, 숲 속 음악회 등 다양한 문화 활동을 기획해서 진행하는 한편 항의 전화 걸기, 시청 앞 집회, 가가호호 방문 선전, 공청회 등을 통해 싸움을 이어 나갔다. 배수지 공사를 강행하려는 인부들을 저지하기 위해 마을 사람들은 굴착기 위에 올라타고, 나무를 베지 못하게 몸으로 나무를 껴안기도 했다. 당시 이명박 서울 시장을 찾아가서 배수지 공사의 부당성을 설명하기도 했다. 이 같은 노력으로 1차 성미산 싸움은 마을 사람들의 승리로 끝났고, 이 과정에서 어느 기자가 성미산을 중심으로 한 우리 동네에 '성미산마을'이라는 이름을 붙여 주었다. 각박한 도시에서 주민들이 공동체를 만들고 연대하는 모습 속에서 이웃 간의 끈끈한 정과 유대감이 살아 있는 전통 마을의 모습을 발견했기 때문일 것이다.

〈우리 산이야〉라는 다큐멘터리를 보면서 나는 막연히 다시 누군가가 성미산의 나무를 베어 내고 파헤치려고 한다면 맞서 싸워야겠다고 생각했다. 비단 나뿐만이 아니라 학교 친구들도 모두 성미산을 소중히 여기고 있다. 매년 식목일에 가족들과 함께 심은 나무가 자라고, 다양한 추억이 존재하는 곳이 성미산이다. 또 마을과 학교에서 성미산을 지키기 위한 식생 조사를 진행해 그 보존 가치도 잘 알고 있다. 성미산은 마포구의 하나뿐인 자연 숲이고, 오색딱다구리 같은 천연기념물과 보호생물들이 아주 많이 살고 있는 비오톱biotop 1등급에 해당하는 지역이다.

하지만 2009년, 우려했던 일은 터지고야 말았다. 홍익대에서 부속 초·중·고등학교를 성미산으로 옮기겠다고 한 것이다. 높이 66m밖에 안 되는 이 작은 뒷동산을 왜 파헤치려고만 하는지 야속했다. 마을 사람들은 다시 성미산을 지키기 위한 2차 싸움을 준비해야 했다.

성미산대책위가 꾸려졌고 다시 천막 농성, 문화제, 법정 공방, 시청 집회 등을 이어 나가기 시작했다. 마을 사람들은 어른 아이 한 것 없이 모두들 분주하게 열심히 제 역할을 해 나갔다. 성미산학교 학생들은 서울 시장과 교육감에게 편지를 써서 성미산을 지켜 달라고 호소하고 문화제에 참여하는 등 다양한 활동을 했다.

그러던 중에 충격적인 사건을 목격하게 됐다. 지금도 기억이 생생하다. 그때 봤던 광경을 떠올리면 슬픔과 분노를 억누를 수 없다. 학교에서 수업을 받고 있을 때였다. 성미산에 무언가 큰일이 벌어질 것 같다는 소식이 들려왔다. 수업을 중단하고 선생님과 반 친구들과 함께 성미산으로 갔다. 마을 주민들이 건설회사 인

2010년 6월 22일.
홍익대 초·중·고 공사 현장 앞 문화제에서 피켓을 들고 시위를 했다.

©성미산대책위

부들과 격한 말다툼을 벌이고 있었다. 굴착기를 앞세우고 전기톱을 든 인부들이 성미산을 파헤치고 나무를 자른 것이다. 양측 모두 극도로 예민해져 있었다. 나는 자칫 신문에서나 나올 법한 폭력 사태가 생기지 않을까 두려웠다. 어른들도 우려되긴 마찬가지였는지 학생들은 공사 현장에 오지 말라고 했다. 하지만 나는 그럴 수 없었다. 내 소중한 잣나무 숲 바로 앞까지 공사가 진행됐기 때문이다. 차마 학교로 발걸음을 돌리지 못하고 잣나무 숲에 머물렀다. 며칠 후 마을 사람들과 쓰러진 잣나무를 세우는 행사가 있었다. 나도 잣나무에 직접 밧줄을 묶고 끌어당겨 일으켜 세워 주었다. 그 나무처럼 우리의 희망도 다시 일어서길 바랐다. 하지만 잣나무들이 모두 베어진 벌목지를 보는 것이 나에겐 너무 큰 상처였다. 지금도 홍익대 부속 초·중·고 앞을 지나갈 때면 잣나무 숲이 있었던 곳을 바라보게 된다.

"냅둬유~"

잣나무 숲이 모두 베어진 이후 나는 문화제에 더 집중했다. 문화제는 마을 거리에서 진행했는데 평균 50여 명이 모였다. 많게는 200여 명이 모일 때도 있었다. 노래도 부르고 악기 공연도 하고 자유 발언도 하며 성미산 개발에 반대했다. 나도 자유 발언을 통해 성미산에 대한 애정과 평소 생각을 이야기하기도 했다. 성미산을 사랑하는 사람으로서 성미산이 이전처럼 그대로 있길 바라는 마음을 전했다. 문화제가 언론 보도를 통해 점점 알려지면서 홍대 앞 인디밴드와 노래패, 율동패 등도 연대해 다채로운 공연도 선보였다. 이렇게 5월에 시작한 문화제는 100회를 넘기고 여름과 가을을 지나 겨울까지 이어졌다.

'두 달 작전 100인 합창단'도 진행됐는데 나도 참여했다. 성미산을 위해 내가 할 수 있는 일이라고 생각해서 용기 내서 참여한 것이다. 합창을 통해 더 많은 사람들에게 성미산 문제를 알리자는 취지로 기획된 행사였다. 마포 민중의 집, 성미산 어린이 합창단, 성미산학교 학부모 합창단 등 성미산을 사랑하는 100여 명이 5개 팀으로 나뉘어 두 달 동안 합창을 준비했다. 나는 그중 '드림팀'의 단원이 됐다. 모두 어른들이고 청소년은 나 혼자뿐이어서 처음에는 위축되기도 하고 부담도 컸는데 막상 시작하고 보니 너무 재미있었다. 무엇보다 노래를 무기로 삼아 싸우게 되니 마음도 가볍고 즐거웠다. 우리가 합창에서 부른 노래는 〈사계〉, 〈개구쟁이〉 등이었는데, 성미산이 이전처럼 사계절 내내 그 모습 그대로 지속되길 바라는 마음을 담아서 선곡했다. 그리고 그 속에서 개구쟁이처럼 뛰놀던 나와 친구들을 이야기하고 싶었다. 그중에서도 제일 기억에 남은 노래는 비틀즈의 〈Let it be〉를 '냅둬유'로 개사해서 부른 것이다. 연습할 때는 '냅둬유'라는 노랫말이 웃겨 재밌게 불렀는데 실제 공연할 때는 감정이 북받쳐 올라 힘들었다. 공연 전에

마을 주민 한 분이 낭송한 성미산을 위한 시의 구절들이 떠올랐기 때문이었다. 쓰러진 나무와 파헤쳐진 땅이 생각났고, '지켜 주지 못해서 미안하다'는 시 구절이 떠오를 때는 정말 간절한 마음으로 노래를 불렀다.

합창은 홍익대 앞에서도, 성미산 공사 현장 앞에서도 이뤄졌다. 그들에게 성미산을 지키고 싶은 우리의 간절한 마음을 노래에 담아 들려줬다. 전기톱과 굴착기로 할퀴고 파헤쳐진 성미산의 아픔과 슬픔도 노래에 담았다. 몹시 추운 날씨였지만 우리의 마음은 따뜻했고 목소리에는 힘과 열정이 넘쳤다.

나중에 알게 된 사실이지만 문화제를 시작할 때쯤에도 이미 공사를 막기는 어려운 상황이었다고 한다. 사유지라서 공사를 중단시키기가 쉽지 않았단다. 그럼에도 마을 사람들은 문화제를 이어 가고, 새롭게 합창단을 기획했다. 그 이유는 무엇일까? 성미산마을은 1차 성미산 싸움을 통해 생태 감수성과 공동체성을 배웠다. 그리고 그 가치를 성미산마을과 성미산학교의 철학으로 삼아 꾸준히 실천해 왔다. 2003년에 벌목된 나무와 산을 복원하기 위해 매년 4월이면 나무 심기 행사를 했다. 어린이들은 숲속학교를 통해, 청소년들은 성미산 생태에 대한 조사를 진행하며 성미산의 가치와 생태적 감수성을 키워 왔다. 또 도시형 생태마을을 만들기 위해 자전거 타기도 생활화했다. '멋진 지렁이' 사업을 통해 음식물 쓰레기를 퇴비로 만들어 쓰고 있다. 자동차두레를 조직해 카쉐

2010년 12월 15일.
서울 조계종 불교역사박물관에서 '두 달 작전 100인 합창단'의 공연이 열렸다.

ⓒ성미산대책위

어링Car sharing도 하며 화석연료 등 불필요한 에너지 소비를 줄이는 노력도 실천하고 있다. 무엇보다 불의에 대해 침묵하지 않고 자신이 할 수 있는 최선의 노력을 기울이는 모습을 마을의 아이들에게 보여 주기 위해 마을 사람들은 포기하지 않고 계속 싸운 것이다.

성미산을 생태공원으로

2011년 9월, 홍익대 부속 초·중·고가 개교했다. 이로써 성미산 싸움은 일단락됐지만 마을 주민들은 오히려 더 분주해졌다. 성미산을 생태공원으로 만들기 위해 노력하고 있기 때문이다. 2차 성미산 싸움의 성과로 성미산의 다른 사유지들을 서울시가 매입해서 생태공원으로 만들기로 한 것이다. 마포구청도 성미산마을 주민들의 의견을 적극 수렴하겠다는 입장이어서 기대가 되었다. 성미산대책위도 시민단체인 '생명의 숲'과 함께 성미산을 생태공원으로 만들기 위해 노력하기로 했다. 나도 지난 여름방학 때 생명의 숲에서 기획한 '숲 가꿈이 양성과정'에 참여했다. 성미산 생태공원 사업에 대한 정보도 얻고 공부도 하기 위해서였다. 성미산학교는 학기마다 생태 프로젝트를 진행하는데 이번 학기 주제는 성미산 생태공원으로 정했다. 생명의 숲과 마포구청에 가서 인터뷰도 하고 정보와 자료도 얻었다. 그런데 구청에서 받은 계획안을 보는 순간 마음이 불편해졌다. 가로등, 실내 배드민턴장, 다리, 정자 등 너무 많은 시설물들이 성미산에 만들어질 계획이었다. 생태공원에 이런 시설을 만드는 것이 과연 옳은 일일까 하는 의문이 든다. 나는 성미산을 가장 자연스러운 상태로 보존하는 것이 옳다고 생각한다. 생태공원으로 만든다면서 정작 인간을 위한 시설물만 잔뜩 설치하는 게 말이 되는가. 꼭 필요하다면 성미산 정상에 그간의 역사를 기록한 안내판 정도만 세웠으면 한다. 1·2차 성미산 싸움 때 천막농성을 한 자리와 사라진 잣나무 숲 등의 위치를 표시한 지도를 만드는 것도 좋을 것 같다.

　성미산 생태공원 사업에 대한 이런 문제의식을 성미산학교 학생들 앞에서 발표한 적이 있다. 발표를 마치고 학생들의 생각을 들어 보니 성미산을 그냥 내버려 달라는 의견이 많았다. 우리의 생각을 마포구청과 생명의 숲에 전달해야 할 것 같아 학생들에게 성미산 생태공원 사업에 대한 각자의 생각을 종이에 써 달라고 했다. 성미산학교 초등과정 아이들은 일주일에 한두 번은 성미산으로 나들이를 간다. 그래서인지 누구보다 자신이 기억하고 있는 성미산이 그대로 있기를 바랐다. "성미산을 내버려 두세요!", "성미산은 우리 놀이터예요!" 등 학생들이 써낸 종이에는 어른들이 함부로 산을 훼손할까 봐 걱정하는 마음이 가득했다. 나는 학생들의 마음을 담은 종이를 모아서 생명의 숲에 전달했다. 성미산을 위해 내가 해야 할 일이라고 생각했기 때문이다.

지켜야 할 것을 안다는 것

밀양 송전탑 싸움에 참여하고 있는 이계삼 선생님이 강의에서 이런 이야기를 했다. "외면하지 않은 것이 아니라 외면할 수 없었기 때문에 참여한 거다." 나 또한 성미산이기 때문에 외면할 수 없었다. 성미산마을에 이사를 온 후 생태는 내 삶으로 들어왔다. 성미산을 누비며 자연과 친해졌고 자연스레 '생태란 즐거운 것'이란 공식이 내 머릿속에 자리 잡았다.

하지만 지금은 단순히 추억 때문에 성미산을 지키는 단계를 넘어 사람과 마을, 공동체라는 가치가 추가됐다. 성미산 싸움을 통해 나는 공동체와 마을의 힘을 직접 경험했다. 당시 중등과정 졸업을 앞두고 있어서 성미산마을의 공동체 가치를 탐구해서 정리한 졸업 논문을 쓰기도 했다. 고등과정에 진학한 지금은 도시 개발과 재생, 그리고 마을에 대한 공부를 하고 있다. 생각해 보면 지난 8년 동안 성미산학교에서 생태 → 공동체 → 도시 → 마을로 이어지는 주제를 공부해 왔다. 처음에는 그저 생태 공부를 확장하는 것이려니 했는데 시작과 끝 모두 성미산과 닿아 있었다. 후쿠시마 핵발전소 사고와 4대강, 강정마을과 밀양 송전탑 등 생태 문제와 관련된 사회적 이슈도 성미산 싸움과 같은 맥락에서 해석하게 된다. 생태는 결코 교환할 수 없는 가치인데 개발 논리를 내세우는 이들은 그 정도 희생은 감수해야 할 것으로 여긴다.

한 언론에서 성미산마을에는 천 개의 CCTV가 있다고 표현한 적이 있다. 이웃이 CCTV 역할을 하고 있기 때문이다. 이는 감시나 관찰이 아닌 관계와 관심을 의미한다. 생태적 삶이란 우리가 개발 논리로 인해 잃어버린 가치를 회복하는 일이다. 사람과 자연의 관계, 사람과 사람의 관계를 회복하는 것이다. 내가 만약 성미산 싸움을 하지 않았더라면 이런 것들을 배우지 못했을 것이다. 지금 내 삶의 목표는 성미산마을에서 이웃들과 성미산의 나무들과 함께 나이 들어 가는 것이다.

대안을 찾아 나서다

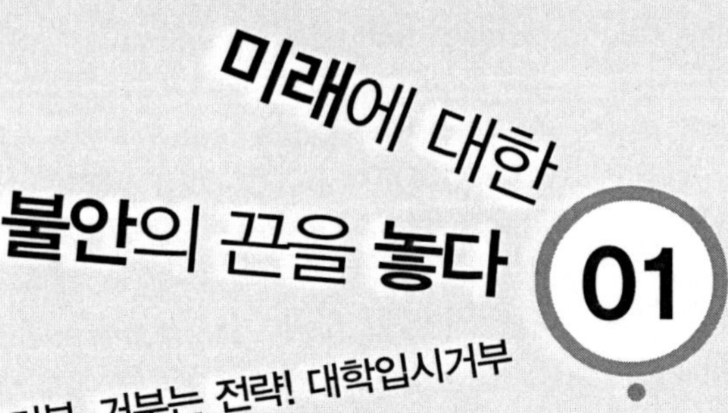

김해솔(둠코) | 대학입시거부로세상을바꾸는
투명가방끈들의모임

solarsol9316@naver.com

대학입시거부자.

취미는 만화와 애니메이션 감상.

그 외에 먹고사는 데 도움 안 되는 온갖 것들.

앞으로 뭘 할지는 그때그때 생각하며 살고 싶은 무책임한 사람.

그 무책임함을 사회에서 커버해 주길 바라기 때문에

대학입시거부운동을 합니다.

대학입시를 치르지 않고 '수능 적령기'를 지난 지 1년이 되었다. 대학입시거부운동은 아직도 꽤나 강렬하게 내 안에 남아 있다. 2012년에도 수능은 치러졌다. 여기저기서 대박을 기원하고, 'X일 만에 수능 등급 올리는 방법' 등 수험생을 홀리는 사교육 시장도 여전히 활개 쳤다. 내가 1년 전에 한 선택 같은 건 정말 그냥 '해프닝'이라는 듯. 하지만 올해도 불안한 오늘과 내일을, 사회를 바꾸려 했던 '대학입시거부로세상을바꾸는투명가방끈들의모임'의 운동은 계속됐다. 지난해의 나처럼.

더 이상 물러설 수가 없다

학교에 다닐 때 나는 그렇게 반항적이거나 뭔가를 바꾸고 싶어 하는 학생은 아니었다. 그냥 꾸중 듣지 않을 만큼만 공부하고, 꾸미는 데 관심이 없으니 두발 복장 규제 같은 것도 안 걸리고, 딱히 교사한테 대들지도 않았다. 삐친 단발머리 속에 몰래 한두 개씩 피어싱을 하거나, 남의 눈을 피해 옥상 문을 따고 올라가 낮잠을 자는 등 그런 보이지 않는 반항이나 하는 학생이었다. 중학교는 그 정도만 해도 나를 '봐주었다'.

그러나 고등학생이 되자 사정이 달라졌다. 학교 전체에 '대학 입시'에 대한 학생들의 불안과 욕망, 교사들의 채찍질이 넘쳐흘렀다. 중학교 3학년과 고등학교 1학년, 그 1년 사이에 공기에 떠도는 불안의 농도가 달라졌다. '3년을 고생하면 30년이 행복하다', '공장 가서 미싱할래, 대학 가서 미팅할래?' 같은 인터넷에 떠도는 그런 급훈들이 진짜 교실 앞에 붙어 있었고, 입학 오리엔테이션 때는 선생님이 서울 주요 대학에 붙을 수 있는 등급 컷을 읊어 주었다. 중학교 때는 '이것도 하고 싶고 저것도 하고 싶다'는 이야기를 하던, 나름 아웃사이더였던 내 친구마저 화제를 모의고사 등급과 내신으로 바꾸었다. 이제는 튀지 않을 정도로 '적당히' 하는 걸로는 모자랐다. 주변의 모두가 죽을 둥 살 둥 공부하고 있었다. 나는 나대로 그 불안에 눌려 야자실에 틀어박혀 11시까지 《수학의 정석》을 풀었다. 6개월 동안 공책을 두 번 도둑맞았다. 고등학교는 그런 곳이었다.

1학년 1학기 기말고사 성적표를 받고는 깨달았다. 내가 이 불안함에서 잠깐이라도 벗어날 수 있는 순간은 어떤 공식 하나를 이해하는 순간, 내가 열심히 하고 있다고 느끼는 순간들이 아니라, 성적표에 다른 친구들보다 더 좋은 등수가 찍혀 나오는 순간뿐이라는 걸. 결국 이 학교에서는 전교 1등만, 한국 사회에서는 전국 1등

만이 그 찰나의 안심을 경험할 수 있다는 것. 더는 견딜 수가 없었다. 학교를 자퇴했다.

나는 그렇게 입시 경쟁에서 조금 떨어진 곳으로, 남들 보기엔 낙오된 곳으로 피난했다. 그리고 청소년인권운동을 만났다. 내가 교실 앞에 불려 나와 손바닥을 맞을 때의 모욕감, 야간 자율학습을 빼먹었을 때 드는 죄책감이 내 탓이 아니었다는 걸 깨닫는, 그런 곳이었다. 일부러 꾹꾹 눌러 담아 두어서 설명하지 못했던 불만들이 말이 되어 나올 수 있는 곳. 참을 게 아니라 바꿔야 한다고 말하는 곳. 일단 대학에 갈지 말지는 '미뤄' 두었다. 그리고 열심히 청소년인권에 대한 목소리를 내는 데 푹 빠졌다.

드디어 더 이상 물러설 데가, 미룰 시간이 없는 열아홉 살이 되었다. 그리고 대학입시를 거부했다. 이유는 내 과거의 삶에도 있고, 성격에도 있고, 신념에도 있다. 공부를 '빡세게' 시킨다며 학생을 무슨 가축 취급하는 학교가 싫은 게 하나. 대학입시를 위해 스스로 인간이기를 포기해야 하는 고3 수험생의 1년이 무서운 게 둘. 이렇게 고생해야만 인간 취급을 받을 수 있는 사회에 대한 분노가 셋.

투명한 가방끈은 보이지가 않아서

사실 나는 혼자 조용히 수능을 흘려보내고 허무하게 스무 살을 맞이할 것 같았다. 그런데 뜻밖에 대학입시거부운동 '판'이 깔렸다. 청소년인권운동을 같이하던 사람들 중 꽤 많았던 동년배, 이른바 '93년생 라인' 사이에서 대학입시거부를 운동으로 구체화하게 된 것이다. 하고 싶었다. 기왕 거부하는 거, 화려하게. 그렇게 모임을 꾸리고 이곳저곳 홍보해서 대학입시거부 '런칭 기념회의'도 했다. 모임의 이름은 '대학입시거부로세상을바꾸는투명가방끈들의모임', 줄여서 '대세는투명가방끈!(이하 투명가방끈)'. 남들이 보기에는 우리가 그저 가방끈 짧은 인간들이겠지만 사실은 사회에서 인정해 주지는 않더라도 나름의 공부를 하고 싶고, 나름의 삶을 산다는 의미였다. 이후 우리는 같이 모여 대학입시를 거부하는 이유를 언어로 정리하고, 홍보도 하고, 토론회도 하고…… 대학입시거부자를 모으고, 집회 준비를 하느라 바빠졌다. 우리는 큰일을 치고 싶었다.

이제까지 대학에 가지 않는 건 그냥 내 신념이며 어떻게든 살아가겠지 하고 어찌 보면 무책임하게 대했다. 하지만 운동을 통해 대학입시거부는 내 삶에 좀 커다란 장면으로 펼쳐졌고, 그만큼 무게도 더해졌다. 대학을 안 가니까 할 일이 줄어든 게 아니라 할 일이 늘어났다. 혼자였을 때는 별로 커 보이지 않던 고민이 엄청난 양으로 늘어났다.

투명가방끈을 인터넷에 홍보했을 때 돌아오는 반응의 대부분은 부정적이었다. "이거 대학 못 가는 날라리들이 발악하는 거 아냐?"라는 무시, "대안 없이는 아무것도 되지 않는다. 거부자들 인생 책임질 거냐"는 냉소, "대학 안 가려면 조용히 안 가면 그만이지 왜 그렇게 요란하게 선동하냐"는 질타, 심지어는 "이런 애들 많으면 대입 경쟁률 낮아져서 좋겠네"라는 빈정거림까지…….

사실 이런 욕을 먹은 사람들이 우리가 처음은 아니다. 매년 한두 명씩 수능을 거부하는 '수능거부운동'이 있었다. 경쟁 교육에 반대하며 한 번의 시험으로 학생들의 삶을 평가하겠다는 수능을 거부하는 운동이었다. 이는 굉장히 의미 있는 운동이었고 이 운동이 없었다면 대학입시거부운동도 없었을지 모른다. 그러나 우리는 이제 수능을 거부하는 것만으로는 부족하지 않을까 생각했다. 수능이 이 사회의 입시 경쟁 교육의 정점에 있는 게 분명하지만 사회의 불안정, 경쟁적인 교육제도를 구성하는 요소는 수능 말고도 정말 다양하다. 수능을 없애는 것만으로는 좀 석연치 않은 것이다. 문제는 수능에만 있는 것이 아니라 사회 전체를 지배하고 있는 경쟁적인 분위기, 그로 인해 점점 불안해져 가는 사람들의 미래, 우리 사회가 교육을 바라보는 관점, 학벌에 대한 절대적 신봉과 찬양 등 다양한 지점에 걸쳐 있다. 그러므로 '수능'을 향한 핀 포인트 사격만으론 부족하지 않을까? 우리는 현재의 교육 방법, 학벌에 대한 인식, 사회의 불안정성까지 모든 것에 문제를 제기하고 그것을 송두리째 뜯어고치고 싶었다.

2011년 10월 31일.
홍대 거리에서 벌인 '입시좀비 스펙좀비 할로윈 행진'. 이날 투명가방끈은 경쟁과 학벌만을 강요하는 교육과 사회에 저항하며 '대학입시거부선언'을 소개하는 유인물과 사탕을 시민들에게 나눠 주며 그 취지를 알렸다. 그리고 입시좀비와 스펙좀비로 살아온 지난 10여 년의 삶에 작별과 죽음을 고하고 새로운 걸음을 내디뎠다.

ⓒ투명가방끈

오늘을 거는 도박을 멈추기

대학입시거부도 전교 1등이나 수능 만점자가 하지 않으면 찌질이들의 발악이 되고 마는 현실은 잘 알고 있었다. 하지만 그렇다고 우리가 공부를 열심히 해서 수능 만점자 같은 게 되고 싶은 마음은 눈곱만큼도 없었다. 대학입시를 위한 노력을 전혀 하지 않겠다고 선언하는 것은 그것 자체로 의미 있다고 생각했기 때문이다. 산더미만큼 많은 패자와 극소수의 승자를 만들고, 그 승자마저도 결국 다시 또 다른 경쟁으로 돌입하게 만들 뿐인 그런 어처구니없는 게임에는 참여하지 않겠다는 것이었다. 우리가 낙오하거나 패배자가 되는 건, 우리가 게으르고 능력이 부족해서가 아니라 그 게임의 룰이 잘못되어 있기 때문임을 보여 주고 싶었다. 그렇기 때문에 우리는 '지금의 룰에 일단은 순종하고 그 이후에 온건하게 문제 제기'를 할 수 없었다. 우리는 당장 우리 자신을 해방시키고 싶고 탈출하고 싶었다. 많은 이들의 다양한 삶을 거부하는 사회를 오히려 거부하고 싶었다. 더 이상 사회에서 우리에게 루저, 낙오자라는 이름을 붙이도록 내버려 두지 않고 스스로 자신을 표현할 단어를 찾고 싶었다. 우리는 루저가 아니라 거부자이고 혁명가였다. 혼자 조용히 입시를 포기하는 게 아니라 모두 모여 "여기 문제 있다! 고쳐라!" 하고 소란을 떨었다. 그게 사회를 바꾸는 힘이 될 것이라고 믿었기 때문이다.

이제는 사회가 답해 줄 차례

사실 대학입시거부의 대안은 '아직' 없다. 그러나 그렇기 때문에 대학입시거부운동이 존재한다. 대학을 선택하지 않는 삶은 지금으로서는 낭떠러지에 떨어지는 것과 같다. 우리는 그곳에 길을 만들라고 사회에 요구하는 것이다. 그런 대안은 우리가 들고 나와서 내밀어야 하는 숙제가 아니라 사회에서 당연히 보장해야 하는 것이다. 하지만 지금 사회는 점점 더 그 낭떠러지를 깊고 가파르게 만들고 있을 뿐이다. 대학을 나오지 않은 사람들뿐만 아니라 대학에 다니는 사람들, 대학을 졸업한 사람들, 그리고 빵빵한 스펙과 학벌을 갖춘 사람들도 결국 절반이 넘게 비정규직이 되고 학교에서 직장으로 장소만 바뀐 채 똑같은 억압을 당하고 똑같은 불안을 겪는다. 모두들 조금씩 낭떠러지 밖으로 떨어져 나가는 좁은 땅 위에서 산 정상을 향해 달려가고 있는 느낌이다.

자연스럽게 사람들은 자신이 하고 싶은 게 아니라 돈을 많이 버는 일을 하게 된다. 혹은 자신이 하고 싶은 걸 할 수 있다고 해도 '국·영·수를 미친 듯이 파고 수능을 잘 치른 다음에 대학에 가서' 해야 한다. 난 일본어를 공부하고 싶은데 수학도 잘해야 한단다. 기가 찰 노릇이다. 그 국·영·수를 잘하는 방법, 말은 간단하다. 무조건 시간을 들여서, 또는 요령과 효율을 곁들여서 '잘 외우면' 장땡이다. 서술형 문제는 교사 마음에 들게, 교과서에 쓰여 있는 대로 푸는 게 정답이다. 창의력과 상상력 중심의 교육은 이제 학생들의 자유로운 사유가 가능해졌음을 의미하는 게 아니라 또 다른 암기 과목의 출현을 의미한다. 당연히 수업 시간에 교사한테 이의를 제기하는 건 불가능하다. 그건 그냥 매 한 대, 혹은 벌점 1점 추가일 뿐이며 당연히 경쟁에서 불리해진다. 고개를 숙이고, 숨을 죽이고, 순응하고, 의심하지 말고, 듣는 그대로 암기. 자신이 주체적인 인간임을 부정해야 살아남을 수 있다. 현재의 교육체제에 '오늘'이나 '지금'은 없다. 오직 더 나은, 아니, 더 나을지 아닐지 모르는 미래를 위해 참아 내야 할 고통밖에 없다.

더 나을지 아닐지 모르는 미래마저도 쳐다보지 못하는 사람들이 존재한다. 교육의 질(좋은 학벌과 스펙을 위한 질을 말한다)은 들이는 돈의 액수에 비례한다. 그렇기 때문에 돈이 없으면 초·중·고 내내 좋은 성적을 받지도 못할뿐더러 만약 성적이 좋다고 해도 대학에 못 간다. 대학은 전문화된 교육이 있는 곳이 아니라 학벌을 판매하는 곳이기 때문이다. 그래도 부득부득 대학을 졸업했다고 치자. 4,000만 원의 빚더미 위에서 사회생활을 시작하는 삶. 막막하다. 이 정도면 이제는 사회가 우리에게 던지는 질문을 되돌려 줄 필요가 있지 않을까.

"왜 대학에 가?"

2011년 11월 1일.
투명가방끈 활동가 30여 명은 청계광장에서 기자회견을 갖고 "입시 위주의 교육과
취업 학원으로 변질된 대학 교육에 맞서 대학거부운동을 벌이기로 했다"고 밝혔다.

ⓒ투명가방끈

소란스러운 사회가 맛깔 나는 사회

이렇게 지랄 맞은 구조는 왜 바뀌지 않을까? 지금 여기 짤막짤막하게 나열한 것만 해도 진절머리가 나는데 어째서 당장 바뀌지 않을까? 그건 아마도 대학입시를 목표로 하는 이 교육체제가, 그리고 서로 물고 뜯고 싸워야 하는 경쟁 사회가 윗사람들, 사회적으로 상위에 있는 사람들 입맛에 잘 맞기 때문일 것이다. 그들은 일단 청소년들의 목을 꽉 졸라 놓고 거기에 순종하는 대가로 학벌을 준다. 그러면 사람들은 자기 목소리를 내지 못한다. 서로 싸우느라 정신이 없어서 무엇이 우리를 이렇게 불안하고 불행하게 만드는 것인지는 신경 쓸 틈도 없다. 많은 사람들의 다양한 목소리, 다양한 삶에 대한 재미있는 수다가, 그 두근거리는 소란스러움이 윗사람들에게는 듣기 싫은 소음이니까, 입을 막아 놓는다.

그래서 많은 사람들이 가기 싫더라도 억지로 대학에 갈 수밖에 없다. 대학입시거부운동을 싫어하는 많은 사람들이, 인터넷 게시판에서 욕을 하는 사람들이, 우리를 보며 혀를 차는 사람들이 모두 나쁜 사람이고 우리를 억압하려 하기 때문이라고 생각하지는 않는다. 그러한 행동들은 그들 나름대로 내린 생존을 위한 선택이고 자신의 두려움을 말하는 방식이라고 본다. 그래서 우리는 여러 사람들과 함께하고 싶다. 당장 수능을 앞두고 불안에 짓눌려 학교에 갇혀 있는 학생들, 이미 어쩔 수 없이 대학에 가서 학점 경쟁

에 시달리는 대학생들, 대학을 나온, 또는 나오지 않은 많은 비정
규직 노동자, 실업자들, 자식의 학력이 자신의 노후를 보장할 것
이라는 실낱같은 희망을 버리지 못하는 학부모나 한 명이라도 더
대학에 보내기 위해 학생들을 들들 볶아야 하는 교사들도……. 경
쟁 교육의 굴레가 벗겨져 나간다면, 불안정한 삶을 하루하루 이어
갈 수밖에 없는 사회 구조가 바뀐다면, 모두들 좀 더 행복해질 텐
데…….

나는 대학이 그렇게 대단한 것이 아닌 사회를 원한다. 그저 수
많은 다양한 삶의 대안 중 한 가지 선택지일 뿐인 대학. 누구라도
배우고 싶으면 갈 수 있는 교육기관. 자신이 하고 싶은 일을 하며
살 수 있는 사회. 누가 더 잘 났냐, 못 났냐 비교하고 평가하지 않
는 인간관계. 내일이 어찌 될지 모르니 오늘을 깎아 먹어 내일을
준비하는 게 아니라 오늘 하루를 어떻게 행복하게 보낼 수 있을까
를 생각하며 살 수 있는 삶. 내가 써 놓고도 거창해 보인다. 그런
데 거창하지 않다. 모두가 경비행기 같은 걸 가지는 생활을 하고
싶다거나 우주를 정복하자는 이야기를 하는 것도 아니니까.

그냥 내가 좋아하는 책을 밤을 새워서라도 독파하고, 하루 종
일 애니메이션을 보며 이 장면은 어떤 의미인지, 작가는 뭘 말하
고 싶었는지 고민하고 생각하는 그런 데 시간을 마음껏 쓰면서 살
고 싶다. 내가 배우고 싶었던 옷 만드는 법도 배우고, 청소년인권
활동도 하면서.

2이11년 11월 7일.
청계광장에서 한 시간 동안 '대학입시거부 릴레이 1인시위'를
벌였다.

ⓒ김정현

그러니까 지금 당장은

공상에서 빠져나오면 사회에서는 한마디를 던진다. "뭐 먹고 살래? 이 루저야." 욕 나오는 순간이다. 현실은 시궁창이다. 그냥 혼자 구시렁거리다가 고개 숙이지 않기 위해 우리는 대학입시거부 '운동'을 선택했다. 몇 명이 잘나서 하는 운동이 아니라, 대단한 생각을 가져서 하는 게 아니라, 그냥 좀 더 여유 있게 살고 싶어서 대학입시를 거부했다.

같이 청소년인권운동을 하던 사람이 좀 많이 유명한 대학을 자퇴하고 대학거부를 선언했다. 완전 '떴다'. 물론 사회에서 보여 주는 반응은 역시나 절반이 욕이지만 그의 행동을 지지하는 사람들은 "대단하다"고 말했다. 그러나 나는 사람들이 대단하다고 말하기보다 "같이하자"고 말했으면 좋겠다. 모두가 불안하다며 긴장의 끈을 팽팽히 붙잡고 있다. 그렇지만 반대편에서 줄을 잡고 있는 거대한 경쟁 사회와 그런 사회가 주는 불안은 혼자의 힘만으로는, 앉아서 그저 논의만 하는 것으로는 이길 수 없다. 줄을 잡아당겨야 한다는 룰 자체는 변하지 않기 때문이다. 난 그 불안의 끈을 놓아 버리는 순간 룰이 변할 수 있고 변화 또한 생길 수 있다고 생각한다.

내가 맞은 스무 살은 열아홉 살과 거의 다르지 않다. 알바로 연명 중이지만 계속 청소년인권활동을 하고 있고 나름 즐겁게 살고 있다. 물론 대학입시거부라는 선택을 달갑지 않게 생각하는 이들의 기준에서 보면 딱히 모범적인 삶은 아닐 것이다. 대학입시거부 선언을 하던 그때와 마찬가지로 나는 '대학을 가지 않아도 쌈빡하고 멋지게 잘 먹고 잘 살 방법' 같은 건 가지고 있지 않으니까. 그렇다고 해서 내 삶이 불완전하다거나 잘못되었다는 식으로 생각하지는 않았으면 한다. 그렇게 말하는 건 사회의 좁고 좁은 기준일 뿐이다. 내가 인권운동을 하는 이유도 남의 인생에 대해 평가하고 점수 매기려는 시스템을 향해 당당하게 내 삶을 내보이고 필요한 것을 요구하기 위함이다. '대학에 가기 위한 길'에서 벗어나자 내 삶은 확실히 '핫'해졌다. 당장 오늘 하루를 어떻게 즐겁게 보낼 수 있을까에 대한 고민부터, 그러기 위해서 사회를 어떤 모양으로, 어떤 방식으로 바꿔 나갈 수 있을지에 대한 고민 등이 자리했다.

이제 지금까지 붙잡고 있던 불안의 끈을 우리가 스스로 놓아 버리자. 우리를 불안하게 만들었던 이 사회와 교육에 모두가 한마디씩 하자. 그 말들이 모이면 좀 더 나은 사회를 만들 수 있을 거고, 언젠가는 '오늘의 삶'을 되찾을 수 있을 것이다.

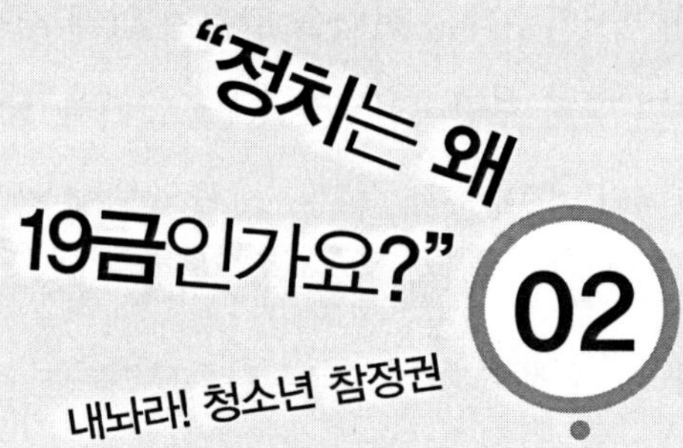

류수민(수수) | 청소년인권행동 아수나로

wizzywizzy@naver.com

청소년인권행동 아수나로와

청소년활동기상청 활기에서 활동하고 있습니다.

더 이상 청소년이 아니지만

어떻게 하면 꼰대에서부터 멀어질 수 있을지,

어떻게 하면 계속 청소년인권에 대한 이야기를 할 수 있을지

골머리를 앓고 있어요.

피해자1은 노인복지회관(서초1동 3투표소) 주차장 앞에서 다시 같은 내용
의 피켓을 들고 서 있었습니다. 그러자 또 직원 2명이 와서 피해자1에게
"100m 이내에서는 시위를 할 수 없다"며 나가라고 윽박질렀습니다. 이에
피해자1이 "여기는 100m 밖"이라고 말하자, 직원 1명은 "100m든 1,000m
든 빨리 꺼져", "어린 새끼가 공부는 안 하고", "싸대기를 한 대 때리겠다"
등의 폭언을 하며 주먹을 위로 들어 위협을 하였습니다. 또한 직원들은 팔
로 피해자1을 밀치는가 하면 발로 피켓을 차기도 하였습니다.

– '총선 당일 청소년의 정치적 권리에 대한 투표소 앞 1인시위'에 대한
부당한 공권력 개입에 항의하는 국가인권위원회 진정서 중

2012년 4월 11일, 총선이었다. 거리 곳곳에서부터 트위터 타임
라인까지 투표하라는 구호들로 가득했다. 경제가 죽었는데 살리
겠다느니, 청년이 희망이니 개새끼니, 핵발전소가 어쩌고저쩌고
니 현수막들은 하나같이 '국민들은 투표를 해 주세요'라고 외치고
있었지만, 그 국민 안에 청소년은 없었다. 그들은 유권자가 아니
니까. 청소년들은 '우리에게 표를 던져 달라'고 외칠 수도 없었다.

나이가 어려서 후보 등록을 할 수 없으니까. 조각조각 토막 난 정치적 권리를 위해, 그리고 지금의 부당한 현실을 알리기 위해, 총선 당일 전국 각지의 청소년들이 투표소 앞에서 1인시위를 진행했다. 그리고 그 1인시위 참가자들 중 다수는 중앙선거관리위원회(이하 선관위)와 경찰들에게 폭언과 협박을 듣거나 심지어 폭행을 당했다. 강제 연행과 임의동행 중 하나를 택하라는 위협도 있었고, 들고 있던 피켓을 뺏기는 일도 발생했다. 민주주의의 축제라는 선거 날 투표소 앞에서, 그 민주주의와 표현의 자유, 정치적인 권리를 실현하기 위한 청소년의 행동을 대하는 사회의 반응은 너무나도 폭력적이었다. 이 사건은 청소년의 정치적 권리가 어떻게 침해당하고 있는지와 사회가 청소년과 정치를 어떻게 바라보는지를 여실히 보여 주었다.

청소년은 없는 그들만의 정치

청소년에게는 제도 정치에 참여할 수 있는 법적 근거가 전혀 없다. 현행법상 만 19세 이상의 국민에게만 선거권이 주어진다. 피선거권의 경우 만 25세 이상으로 나이 제한이 더 높다. 정당법이 제한을 두고 있기에 청소년은 자신이 지지하는 정당에 가입할 수도 없다. 소위 진보 정당들에는 청소년 당원들이 알음알음 존재하긴 하지만, 그들은 청소년이 정당에 가입할 때 어떤 처벌을 하겠다는 단서 조항이 법에 없기 때문에 가능한 법적 틈새를 억지로 비집고 들어온 존재들이다. 법률상 청소년 당원은 불법이며 공식 적으로는 당원으로 인정되지 않는다. 청소년은 심지어 선거운동 도 할 수 없는데, 선거권이 없는 사람의 선거운동은 불법이기 때 문이다. 올해 총선 때는 트위터로 자신이 지지하는 후보에게 투표 하라는 글을 남긴 청소년이 선거법 위반으로 선관위에서 제재를 받은 어이없는 사건도 있었다.

지방자치법도 청소년의 정치 참여를 막고 있다. 분명히 비청소 년과 함께 그 지역에 거주하는 구성원임에도 청소년은 자신이 사 는 곳에 대한 의견을 낼 수가 없다. 작년에 논란이 되었던 서울학 생인권조례 주민발의 서명에도 청소년은 참여할 수 없었다. 두발 자유와 복장 규제 철폐, 체벌 금지와 인권적인 학교에 대해 설명 을 들은 청소년들이 "우와!"하며 서명지에 펜을 갖다 댔을 때 "주 민발의법상 만 19세 이상인 분의 서명만 유효하니 집에 가서 부 모님 서명 받아 주세요"라고 말해야 했던 날들을, 그리고 그 말을 들었을 때 그들의 얼굴에 떠오른 실망과 냉소를 잊을 수 없다.

대부분 청소년들로 구성되어 있는 학교에서도 청소년들은 정치 의 주체로 서지 못한다. '학교의 주인은 학생'이라는 흔히 듣는 말 은 사실 뻥이다. 대부분의 학교는 교칙에 '교육 활동(수업, 고사, 행 사 등)을 무단 거부하거나, 거부를 주도하거나 선동한 학생'을 징 계하도록 명시하고 있다. 어른의 세계로 치환해서 설명하면 청소년들은 '파업'을 할 수 없다는 조항이 된다. 노동자들이 당연히 보장받아야 할 권리이자 투쟁의 수단인 파업이 학교 안에서는 무자비한 제재를 받는다. 학교에선 학생 개개인의 집회 참여도 제지할 수 있다. 학생회는 교사의 승인을 받아야만 운영되는, 있으나 마나 한 경우가 다반사다. 정치적 권리들에 대한 이러한 금지들이 합쳐지면 집회에 참여한 학생의 학생회장 입후보를 금지하는 학교도 생기게 된다. 2009년, 서울 송곡고는 촛불집회에 참가한 학생이 학생회장 후보로 나오는 것을 막고 그에게 징계를 내린 유명한 사건을 하나 만들었다. 그리고 많은 학교에서 학생회 회의를 교사가 소집하거나 교사가 만들어 놓은 안건을 학생회 이름으로 통과시킨다. 학생회가 학생들의 교내 정치 참여를 위한 기구로서 기능할 수 없게 되어 버린 지 오래다.

부당한 공권력에 무자비하게 진압당한 투표소 1인시위는 이런 현실을 타깃으로 삼은 액션이었다. 청소년의 정치적 권리는 민주주의의 가장 기본이라는 투표부터 시작해 지역사회 참여에 이르기까지 조각조각 잘려 있다. 그러나 정치를 다루는 거의 모든 법이 이렇게 청소년을 배제하고 있는데도 청소년의 정치적 권리가 침해되고 있다고 이야기하면 다수가 고개를 갸웃하면서 "무슨 말이야?" 하고 되묻는다. 정치적으로 진보적인 성향의 사람들조차도 그러하다. 청소년과 정치를 연관 짓는 것 자체가 사회적 금기이기 때문이다. 1인시위 참가자들이 들고 있던 "정치는 왜 19금인

가요?"라는 피켓을 본 사람들도 마치 전혀 생각해 보지 않은 문제라는 듯이 "음, 정말 그렇네" 하고는 지나쳤다. 사람들은 청소년과 정치를 연결시키지 못한다. 아니, 그러지 않으려고 한다는 게 더 적합할지도 모르겠다.

국가인권위원회에 제소한 진정서에 적혀 있듯 선관위 직원들은 청소년과 정치를 연결시키는 것을 혐오하는 전형적인 말들을 내뱉고 있다. "어린 새끼가 공부는 안 하고." 그들이 보기에 정치를 논하기에 청소년들은 아직 '어리다'. 그들은 나이가 적고, 세상을 오래 산 어른님들보다 경험이 부족하며, 그렇기에 판단도 미성숙하다. 정치에 대해 생각할 수 있는 능력도 없을 것이다. 막말로 정말 매일 초콜릿을 공짜로 지급하겠다는 후보에게 단체로 투표할지도 모른다(매일 초콜릿을 공짜로 지급하겠다는 건 보편 복지의 입장에서 사실 굉장히 혁명적일 수 있다고 생각은 하지만……). 이미 망친 우리나라, 아직 뭣도 모르는 애들에게까지 참정권을 준다면 어떻게 굴러갈지는 너무 뻔하다. 설령 똑똑한 청소년이 있다 하더라도 그들은 소수일 뿐이다. 조금만 더 기다리면 싫어도 선거권을 가져다줄 건데 굳이 지금부터 그것이 필요하진 않다. 공부를 해야 하니까 정치 같은 건 어른들에게 맡겨 놓아야 한다. 중학교 잘 졸업해서 고등학교에서 좋은 성적을 내고 좋은 대학에 들어가야만 좋은 시민이 될 수 있다. 이렇듯 학생 본연의 업무는 학업인데 상대적으로 부차적인 정치에 신경을 쓰게 해서는 안 된다. 만약 청

2012년 4월 11일.
청소년인권행동 아수나로 회원들이 총선 투표소 앞에서
청소년 참정권을 요구하는 피켓시위를 벌였다.

ⓒ청소년인권행동 아수나로

소년에게 피선거권이라도 줘서 그들이 후보로 나왔다가 당선되기라도 한다면, 아니 그 어린 것들이 학교에도 가야 할 텐데 업무들을 제대로 볼 수나 있겠는가? 이는 '청소년에게도 정치적 권리가 있다'고 할 때 흔히 듣는 말들이다. 선거권 연령 인하에 대한 헌법소원에서 '현재 법안은 합당하다'는 합헌 결정이 났을 때도 그 이유 중 하나가 '청소년기는 학업에 열중해야 하는 시기이므로 선거권은 불필요하다'는 것이었다. 이 사회가 청소년과 정치를 바라보는 아주 전형적인 편견과 차별이다.

금지를 위한 금지, 정치로부터의 비합리적인 배제

이것이 편견과 차별의 전부가 아니다. 청소년들이 집회에 참여하거나, 혹은 심지어 집회를 여는 것에도 '그들의 배후는 도대체 누구인가!' 하는 물음들이 따라온다. 청소년은 순수하고 깨끗한 아이들이라 정치를 모르기 때문이다. 촛불 소녀들도 그렇고 아수나로도 그렇고, 누군가에게 선동당해서 어른들의 더러운 정치판에 말리게 된 것이 분명하다. 순수하고 깨끗한 어린아이들은 하얀 손수건처럼 부모님이나 학교 선생님들의 정치적 색깔과 경향에 휩쓸리기도 쉽다. 정치적 색깔이란 어른이 되어서 자신이 만들어나가야 하는 것이지 어릴 때 어른에게 물들어서 생겨선 안 된다. 이유는 모르겠지만 아무튼 좋지 않다. 따라서 모든 학교교육은 정치적 중립을 유지해야 한다. 교사들은 청소년의 정치적 순수함을 지켜 내기 위해 정당 가입을 해선 안 되며 정치색을 띤 발언을 하거나 수업을 해서도 안 된다.

이러한 주장들이 정말 맞는지 청소년 시절의 '나'를 바탕으로 생각해 보았다. 중학교 3년 내내 학생회를 했다. 교과서에선 올바른 학생회의 역할은 '학생의 의견을 모아 내고 학교 안에 자치를 만드는 것'이라고 이야기하는데, 솔직히 감이 오지 않았다. 자치는 굉장히 커서 내가 감히 범접할 수 없는 무언가 같았고, '학생회는 학생이 선생님과 학부모와 동등한 위치에서 학교운영에 참여할 수 있다'는 교과서의 정의는 이 세상에 존재할 수 없는 내용 같았다. 학급회의 때 다른 학생들의 의견을 모아 보아도 학교 화장실에 비누가 없다느니, 도대체 왜 따뜻한 물이 안 나오고 찬물만 나오냐는 등의 사소하고, 그렇지만 해결할 수 없는 문제들밖에 없었다. 그 비누는 누가 어떻게 무슨 돈으로 사며, 찬물밖에 안 나오는 학교 구조를 내가 무슨 경로로 고쳐 달라고 한단 말인가. 나는 별 기대와 고민 없이 순전히 봉사 활동 시간을 채우기 위해 학생회 선거에 나갔고, 수업 시간에 차렷, 경례를 하는 정도의 임원의 임무에 만족했다.

내 부모는 정치적으로 '진보'였고 전교조 교사이기도 했다. 진보의 아이콘이라던 〈한겨레〉를 구독했고, 텔레비전을 보며 우리나라 정치는 너무 꼴통이라고 한숨을 쉬는 모습을 자주 보였다.

솔직히 인정하자면 세부적인 사항은 잘 모르지만 부모님이 아니라고 하니까 이 정책과 후보와 정당은 '아닌 것'이라 생각했고, 밖에서도 그렇게 말하고 다녔다. 커다란 정치 문제는 너무 어려워서 완벽하게 이해할 수 없었다. 나름 관심을 가지고 신문 정치면을 읽긴 했지만 시험 기간이 다가오면 학교 공부와 성적 빼고는 모든 관심을 차단했다.

나 역시도 어른들이 말하는 전형적인 '아직 어리고 내 모든 시간을 공부에 써야 하기에 정치 따위는 모르는, 어른에게 쉽게 휩쓸리고 자치가 뭔지 알지 못하는 미성숙한 아이'였다. 위에 나열한 '청소년이 정치에 참여하면 안 되는 이유' 하나하나에 해당하는 그런 아이. 그리고 나 같은 청소년들이 많은 것도 사실일 거다. 그렇지만 그게 과연 나의, 청소년의 문제인 걸까?

아이들은 아직 어려서 미성숙하다고 말하는 비청소년, 그들은 얼마나 성숙한지 우리는 사실 잘 모른다. 어떤 기준에 의해서 성숙도가 결정되는 건지도 굉장히 모호하다. 분명 비청소년 중에서도 미성숙한, 그리고 정치에 관심이 없는 사람이 있을 텐데 사회는 그들에게서 정치적 권리를 앗아 가지는 않는다. 그렇기에 정치적 선택을 할 수 있는 권리의 보편성에서 청소년이 배제되었다는 것은, 청소년이 사회적 소수자이며, 이 사회가 소수자에게 가하는 전형적인 차별을 청소년에게도 똑같이 가하고 있다는 증거밖에 되지 않는다. 더 나은 정치와 사회를 만들기 위해서라면 구성원 모두의 이야기를 듣고 반영하는 것이 필요하다. 정치적 관심의 부재와 미성숙함은 청소년에게만 국한되어서 나타나는 것은 아닐 것이고, 설령 그것이 참이라고 하더라도 그들을 정치에서 잘라 내 버리는 것이 아니라 그들이 어떻게 하면 정치에 관심을 가질 수 있을지 고민하는 것이 필요하다.

비청소년들은 흔히 청소년들이 커다란 정치 문제에 관심이 없다고 말한다. 가령 FTA는 어떤 점에서 중요한지, 우리나라의 외교 관계는 무엇을 지향해야 하는지와 같은 문제들. 그리고 그렇기 때문에 청소년들의 정치적 권리를 보장하는 것은 위험하다고 주장한다. 내가 청소년이었을 때 역시도 정치 문제는 어려웠고, 그래서 별로 깊게 생각하지 않았다. 하지만 내가 그런 문제들에 대해 고민하지 않았던 더 큰 이유는 내가 고민한다고 해서 어떻게 해 볼 수 있는 방도가 없었기 때문이다. 우리 사회는 애초에 청소년에게 그런 문제들을 선택하고, 고민하고, 의견을 낼 수 있는 권리를 주지 않는다. 알아도 직접 무언가 한다는 게 불가능에 가까운데 어느 누가 더 깊게 고민하려 들겠는가. 물론 그럼에도 직접 행동을 하는 청소년들이 많이 존재하지만 사회에서 이야기되는 '청소년의 전반적인 정치적 무관심'은 근본적으로 그들이 정치에서 밀려나 있기 때문에 생기는 것일 가능성이 높다.

더 나아가 큰 정치 문제만이 '정치'로 받아들여지는 것은 굉장히 비청소년 중심적인 사고이다. 학급회의에서 줄기차게 제기되었던, 학교 화장실에 찬물밖에 나오지 않는다는 '사소한' 문제는, 집값 폭등과 마찬가지로 청소년에게 굉장히 중요한 당면 과제일 수 있다. 청소년이 온전하게 정치적인 주체로서 행동할 수 있다면, 커다란 선거판에서 지금은 사소한 문제 정도로 치부되는 청소년의 삶에 대한 의제들이 아주 중요한 정치적 이슈로 자리 잡을 수도 있을 것이다. 청소년들의 고민과 삶의 문제를 진지한 정치로 여기지 않는 사회가 문제이지, 청소년들이 결코 정치 문제에 관심이 없거나 특출하게 미성숙한 것이 아니다.

공부를 해야 하는 청소년이 어떻게 정치에 참여할 수 있겠느냔 비난은 사실 참, 너무 미성숙해서 이런 말을 자주 주워 담는 비청소년들의 참정권을 그들의 논리대로 박탈해야 하는 것이 아닌가 고민하게 만들기도 한다. 국가는 결코 직장인이 직장에서 업무를 보는 것에 열중하게 하기 위해 직접 나서 그들의 정치적 권리를 가로막진 않는다. 청소년 본연의 업무가 왜 공부인지에 대한 반박은 제쳐 두더라도, 애초에 우리 삶의 모든 부분이 정치적이라는 것을 인식할 필요가 있다. 그러므로 공부가 청소년의 삶에서 너무나 큰 무언가로 자리하고 있는 것에 대한 문제 제기가 우선되어야 할 것이며, 청소년 후보가 당선되었을 때 당선자가 학교에 다녀야 하기 때문에 업무 수행에 지장이 있지 않겠느냐는 우려에 대해서는 왜 청소년이 꼭 학교에 다녀야만 하는가를 먼저 물어야 할 것이다. 그 어떤 이유도, 청소년에게서 정치를 앗아 갈 만큼 합리적이지 않다.

눈에만 보이는 권리 보장, 그 너머로

청소년이 미성숙하고 경험이 부족하기 때문에 정치적 권리를 줄 수 없다는 것은 정치를 신성화시킬 때 가능한 말이다. 그러나 청소년의 순수함을 강조하며 그들을 모든 정치적 행위들로부터 차단하는 것은 정치를 더러운 것으로 볼 때 할 수 있는 말이기도 하다. 비청소년들은 정치를 때로는 신성화하고 때로는 더러운 것으로 말하면서 그들이 필요할 때, 필요한 만큼 정치에 대한 청소년들의 접근을 차단한다. 그런데 청소년이 미성숙하고 순진무구하기 때문에 더러운 정치로부터 '보호'해야 한다고 말하는 비청소년들은 주변의 정치적 입장에 영향을 받지 않고 오로지 그들 스스로 정치적 판단을 내리는가? 또한 주변으로부터 영향을 받는 것이 꼭 부정적인 일인가? 부모와 교사가 현재 청소년에게 너무 절대적인 영향을 미치는 존재라 청소년이 정치에 대해 주체적으로 고민을 하기 힘들다면, 부모와 교사가 청소년에게 절대적인 영향을 끼치게 하는 부당한 권력관계에 대한 성찰이 우선해야 하는 것 아닌가? 청소년에게 더 깊이 있는 정치교육과 직접 정치적 권리를 행사할 수 있는 기회를 제공해 정치적 고민과 역량을 키울 수 있도록 해야지, 무조건 그들의 정치 참여를 막아설 게 아니다. 섣부른 우려로 청소년을 정치에서 배제하는 것은 계속해서 말했듯 문제를 더 고착화시킬 뿐이다.

지금까지 나는 청소년에게 정치적 권리를 보장하라는 말을 계속하고 있다! 그러나 청소년이 정말 정치의 주체로서 인정받으려면 제도의 개선 그 이상이 필요하다. 청소년이 비청소년처럼 우리 사회의 동등한 구성원, 시민으로 받아들여지고 있느냐는 질문도 같이 던져야 하기 때문이다. 만 19세 미만의 청소년들에게 선거권이 주어진다고 해서, 주민발의 서명에 청소년도 동참할 수 있게 된다고 해서 모든 문제가 해결되지는 않는다.

청소년인권행동 아수나로는 4.11 총선을 맞이해 주요 정당들에게 청소년의 정치적 권리에 관한 공개 질의서[*]를 보냈다. 선거권, 피선거권, 지방자치법, 학교 안의 정치적 권리 등 청소년의 정치적 권리에 대한 정당의 입장과 앞으로의 정책 계획들을 묻는 질의서였다. 그중 통합진보당은 학생회 자치권 보장을 포함한 교내 정치적 권리 보장에 대한 의견을 묻는 질문에 '학교 내 민주주의 훈련에 방해가 있어서는 안 된다고 보며'라는 뜨악한 답변을 내놓았다. 학교 안에서 무슨 정치냐는 답변과 사뭇 달라 얼핏 진보적인 게 아닌가라는 생각을 하게 하지만 이 역시 청소년과 정치를 분리하는 답변이다. 새누리당이 청소년 정치권에 관한 공개 질의서를 깔끔히 무시하고 아무 답도 주지 않았지만 새누리당의 '어디 청소년이 감히 정치에 참여한단 말인가' 하는 평소 태도와 통합진

---

[*] 질의서에 대한 각 정당별 답변은 'cafe.naver.com/asunaro/40131'에서 확인할 수 있다.

보당의 '청소년이 나와 동등한 위치의 사람은 아니지'라는 이 반응은 어쩌면 별 차이가 없는 걸지도 모른다. 청소년이 그들 스스로 자신들의 문제를 결정하여 행하는 자치를 고작 사회의, 비청소년들의 민주주의를 위한 훈련 과정이라고 표현한 것이다. 이것은 청소년을 비청소년들과 같이 현재 자신의 삶을 살아가는 동등한 정치적 주체로 여기지 않는다는 것을 의미한다.

결국 통합진보당 혁신비대위는 총선이 끝난 이후 '정당법과 당헌을 엄격하게 적용하겠다'는 이유로 미성년자의 입당을 금지하고 기존 통합진보당의 청소년 당원들의 당권 또한 박탈했다. 기존에 존재하던 통합진보당 청소년위원회와 다른 정당 청소년위원회, 그리고 여타 청소년단체에서 줄기차게 반대 의견을 냈으나 통합진보당 청소년 당원에겐 '예비 당원'이라는 어이없는 이름이 붙여졌다. 앞서 법의 틈새에서 알음알음 존재하고 있다고 한 정당에 가입한 청소년들의 서 있을 자리가 또다시 사라진 것이다. 총선 당시 통합진보당이 청소년의 정치적 권리에 관한 공개질의서에 청소년의 정당 활동에 대해 '개선해야 하는 일'이며 '평등한 대우'를 할 것이라고 답변한 건 어디로 갔는지 알 수가 없다. 청소년은 비청소년과 동등하지 않다는 생각이 어떻게 전개되었는지 보여 주는 좋은, 그렇지만 굉장히 안타까운 사례라고 할 수 있다.

'민주주의 훈련' 대답과 비슷한 맥락의 다른 사례도 있다. 청소년이 우리에게도 정치적 권리를 보장하라고 할 때 '어린 것이 기특하다'고 생각하는 일이 그것이다. 촛불집회가 한창일 때, 소위 진보 진영의 비청소년 인사들은 '어린 학생들이 기특하게도 정치에 참여하고 자신의 목소리를 내려 한다'며 반가움과 놀라움을 표시했다. 하지만 그 누구도 40대 남성의 투표권 행사나 집회 참여, 혹은 파업에 대해 '기특하다'고 말하지 않는다. 여기에는 청소년은 미성숙하기 때문에 원래 정치에 참여할 수 없는 사람들이라는 인식이 내포되어 있다. 기특함은 청소년을 자신들과 같은 위치에 서 있는 정치의 주체로 보지 않는 데서 나오는 감정이다. 아무리 선거권 연령이 낮아지고 청소년들이 집회·시위의 자유 등 표면상의 권리를 되찾아도 청소년이 비청소년과 동등한 정치의 주체로 여겨지지 않는다면, 실질적으로 청소년의 정치적 권리가 배제되어 있는 것이나 다름없다.

'기특한 청소년'이 비청소년과 동등한 위치로 가기 위해 그 기특한 생각을 실제 행동으로 옮기려 하는 순간 그들은 다시 미성숙하고 어리석은 사람으로 매김된다. 정치적 권리를 이야기하는 청소년을 기특하다고 말하는 비청소년은 청소년들의 정치성을 그들의 지지자 혹은 수혜자 정도의 수동적인 모습 안에서만 수용한다. 2012 민주진보교육감추대위(추대위) 또한 그런 교묘한 이중성을 보여 주었다. 대다수가 학생인 청소년에게 직접적으로 영향을 미치는 교육감 후보를 선출하기 위한 추대위는 다른 것도 아니고 심지어 민주와 진보라는 가치를 걸고 나왔다. 청소년이 교육, 사회에서 주체가 되어야 한다는 것이 민주와 진보에서 가장 중요한 것이런만 추대위는 교육감 후보를 선출하는 시민선거인단에 만 17세 이상이라는 나이 제한을 그었다. '청소년의 참여를 적법한 테두리 안에서 최대한 보장한다'던 추대위의 기존 합의는 무시되었다. "청소년들이 선거인단에 참여할 경우 추대위가 희화화될 수 있다." 청소년의 참여가 선거법 위반이 아니라는 법적 근거에도 불구하고 억지로 그은 나이 제한에 대한 추대위의 일부 구성원들이 내놓은 변명이었다. 비청소년들의 '기특한 청소년'은 비청소년의 정치적 가치를 따라야 하지만, 직접 만들어 가는 사람이어서는 안 된다.

곧 대선이 다가온다. 투표소에 들어가 원하는 후보를 찍고, 밖으로 나와 투표함에 용지를 넣으려는데, 누군가 나타나 "아, 만 19세 안 넘으세요? 나이가 안 돼서 투표 못 해요. 나이가 좀 더 들면 투표하러 찾아오세요" 하고 용지를 찢어 버리는 장면을 상상해 보자. 이건 '청소년의정치적권리보장을위한원탁회의(이하 청정원)'라는 연대체에서 진행한 퍼포먼스성 캠페인이었다. 나이에 상관없이 청소년이 되어 퍼포먼스에 참여한 사람들은 멍한 표정으로 찢긴 종이를 쳐다보고 청소년 참정권에 대한 전단지를 받아 돌아갔다. 다소 폭력적이라 할 수 있겠지만, 청소년들의 분노와 박탈감을 간접적으로라도 체험할 수 있게 하려던 캠페인이었다. 실제

2012년 3월 22일.
청소년인권행동 아수나로 회원들이 헌법재판소 앞에서
청소년 참정권을 요구하는 퍼포먼스를 벌이고 있다.

ⓒ청소년인권행동 아수나로

로 서울학생인권조례 주민발의 청구 서명지 중 청소년의 서명지는 상징적인 숫자가 되어 조례에 대한 청소년의 염원을 표현하긴 했지만 법률상으로는 무효가 되어서 무수히 버려졌다. 하지만 이 모든 분노는 알려지지도, 받아들여지지도 않는다. 청소년이 정치적 권리를 요구한다는 사실은, 정치를 직접 만들어 갈 수 있다는 사실은 여전히 너무 미약한 관심을 받고 있다.

이 때문에 지난 10월, 여러 청소년 단체들이 모여 '청소년의정치적권리내놔라운동본부(이하 내놔라)'를 출범시켰다. "정치인들은 앞다투어 정책을 내놓으며 호소하고 있고, 국민들은 자신을 위한 정책을 내놓으라 요구한다. 온 국민들의 아우성으로 가득 찬 이때, 우리는 청소년의 목소리가 들리지 않음에 주목한다. 민주주의의 축제라 불리는 지금, 축제의 찬란한 불빛은 청소년을 비추지 않고 있다." 내놔라 출범 선언문의 일부이다. 대통령 선거의 시끌벅적함 속에서 청소년의 정치적 권리에 대한 미약한 관심을 끌어올리려는 노력의 일환으로 11월 11일 연세대에서 '18세 선거권 하향 조정과 참정권 확대에 관한 토론회'가 열렸다. 내놔라는 이 토론회에 참여해 법률적 측면에서의 선거권 인하에 대한 타당성과 사회 속에서의 청소년 정치적 권리에 대한 시각을 다뤘다. 아수나로가 지난 4월 낸 청소년 정치적 권리 전반에 대한 헌법소원의 맥을 잇는 활동이다. '청소년 정치 신문'과 '대선 맞이 (투표권) 없는 자들의 파티' 등 다양한 행사도 기획하고 있다. 내놔라는 선거권 인하를 비롯한 눈에 보이는 법적인 청소년 참정권 확대뿐만이 아니라 "이 사회의 주인이 될 권리"까지 요구한다. 선거권을 한 살 더 인하하는 것의 의미는 적지 않다. 그러나 거기서 더 나아간 법적 보장은 물론, 사회적 인식 속에서도 청소년이 정치의 주체가 되어야 한다고 주장하는 것이다.

우리는 배웠다. 중세 도시국가에서 세금을 내지 못하는 자는 시민으로 취급받지 못했기 때문에 투표권이 없었다고. 흑인들은 온전한 인간이 아니라고 생각했기 때문에 그들의 목소리는 가려졌고 억압당했다고. 여성의 일은 집안에서 남편을 내조하고 아이들을 보살피는 것이기 때문에 그들에게 정치적 권리를 주는 것은 어불성설이라 말하던 때가 있었다고. 역사책에서 그런 말도 안 되는 과거를 볼 때마다 우리는 지금 우리의 삶이 얼마나 평등하고 인권적으로 변했는지에 안도한다. 그렇지만 청소년들은 지금 그러한 박탈과 억압이 일상적으로 이루어지는 시대를 살고 있다. 말도 안 되는 억지 논리들에 의해 청소년의 정치적 권리, 청소년의 의견, 청소년의 이익들은 묻히고 가려졌다. 하루빨리 이 현실들이 역사책에서나 볼 수 있는 인류의 멍청했던 과오들 중 하나로 자리 잡길. 청소년이 그 어떤 거리낌도 없이 정치적일 수 있길.

인권을 조례로 보장받아야 하는 나라

03

서울학생인권조례제정운동이 남긴 과제들

고예솔 | 제천간디학교 졸업

kysnadia11@hanmail.net

제천간디학교에서 꽃다운 청춘을

재래식 화장실의 구수한 냄새와 함께 보냈습니다.

밭에서 김을 매고, 막걸리를 물 마시듯 마시며 자랐습니다.

하고 싶은 것만 하고 살아온 천상 망나니.

주어진 삶과는 다른 삶이 나를 기다릴 것이라는 환상 하나로

학생인권조례제정운동에 참여했다 피 봤습니다.

하지만 여전히 인권활동가를 꿈꿉니다.

학생인권조례, 네가 그걸 왜?

내가 학생인권조례를 제정하는 운동에 참여한다고 했을 때 가까운 사람들의 반응은 "네가 그걸 왜?"였다. 지금까지 살면서 나는 '인권'이라는 가치를 절실히 필요한 무엇인가로 느껴 본 적이 없었고, 그건 내 친구들도 마찬가지였다. 게다가 '학생'인권이라니. 나에게는 더 먼 이야기였다. 나는 초등학교 이후로 국가에서 공인하고, 우리가 소위 '일반 학교'라 부르는 공간에 속해 본 적이 없었다. 중학교에 진학하는 대신 대안학교에 들어갔기 때문이다. 대안학교에서의 삶은 확실히 달랐다. 그곳에서는 폭력 사건이 벌어지면 문제를 해결하기 위해 교사와 학생들이 모두 모여 며칠 동안이고 회의와 논의를 거듭했다. 사건의 당사자들뿐만 아니라 공동체 구성원 모두가 수긍하고 납득할 수 있는 결과를 맺으려고 노력했다. 교사가 학생에게 욕을 하거나 때리는 일은 상상도 할 수 없었다. 어떤 머리 모양을 하는지, 어떤 옷을 입는지도 학생 스스로 선택하고 결정할 문제였다. 또 학생들 개개인이 어떤 꿈을 꾸든, 어떤 미래를 그려 가든 그 누구도 간섭하지 않았다. 그것 역시 타인이 간섭할 수 없는 그들의 문제였다. 지식을 쌓고 공부를 한다는 것은, 우리가 할 수 있는 많은 선택 중의 하나였지 필수는 아니었다. 그래서 열일곱 살의 학생이 구구단을 틀려도 전혀 문제될 것이 없었다. 적어도 나는 그렇게 배웠고 그게 옳다고 믿었다.

'착한 어른들'의 울타리

내가 생각했던 '학교'라는 공간은 그런 곳이었다. 스스로 선택하고, 그 선택에 스스로 책임지는 법을 배우는 곳이었다. 각자가 어떤 정체성을 가지고 있느냐에 상관없이 모두 똑같은 인간으로서 대접을 받는 곳이었고, 또 그래야만 하는 곳이었다. 하지만 학생인권조례제정운동을 하면서 알게 된 학교와 그런 학교를 바라보는 사회의 시선은 너무나 달랐다. 내 상식으로 이해할 수 있는 공간이 아니었다. 명문대 진학이 유일한 목표가 되어 공부와 경쟁이 강제되고, 폭력이 목표 달성을 위한 효과적인 도구로 허용된 곳이었다. 어렸을 때 아버지께 들었던 이야기가 거짓이 아닌 사실임을 알게 됐다. 교사인 아버지가 새로 부임한 고등학교에 간 첫날 본 광경을 내게 들려주신 적이 있다. 아버지는 '여학생이 복장이 불량하다는 이유로 복도에서 양말을 입에 물고 서 있더라'는 이야기를 하며 분노하셨다. 당시 나는 그런 일이 학교 안에서 벌어졌다는 사실에 너무 놀랐고 믿을 수 없었다. 그러나 그 모든 게 사실이었다. 그동안 난 부모님과 대안학교 선생님들, 소위 '착한 어른들'이 만들어 준 울타리 안에서 보호받으며 살아왔다는 것을 알게 됐다. 학생인권 조례제정운동은 그 울타리를 허무는 일이었다.

서울학생인권조례를 제정하기 위해 거리 캠페인을 나선 첫날이었다. 주민발의 서명을 받기 위해 서명지를 내밀었을 때 "어린것들한테 무슨 인권이야"라는 이야기를 수없이 많이 들었다. 지금껏 나를 둘러싸고 있던 그 울타리가, 그 세계가 조금씩 금이 가고 마침내 산산조각이 나자 두려움과 당혹감이 밀려들었다. 인간이라면 누려야 할 너무나 당연한 가치들이 부정당하는 모습을 보며 나는 절망했다.

인권을 조례로 보장하는 사회

사실 처음부터 학생인권조례의 절박함과 필요성을 느꼈던 것은 아니다. 내가 다닌 대안학교는 3학년이 되면, 수능 준비 대신 '인턴십internship'을 하는 것이 전통이다. 무조건 대학을 준비하는 게 아니라, 앞으로 사회에 나가 하고 싶은 일을 미리 경험해 보는 과정이다. 나는 어렸을 때부터 막연히 사회의 부조리를 묵인하지 않는 삶을 살고 싶었다. 이곳저곳을 알아보던 나는 서울에 있는 '인권교육센터 들(이하 들)'이라는 곳을 소개받았다.

당시는 전국적으로 학생인권조례제정을 위한 움직임이 활발하던 때였다. 2009년 제정된 경기도학생인권조례를 시작으로 물꼬가 트인 학생인권조례는 2010년 교육감 선거를 거치면서 전국적으로 확대됐다. 진보 교육감을 선출한 서울도 마찬가지였다. 여러 단체들이 모인 '학생인권조례제정운동 서울본부(이하 서울본부)'가 꾸려졌고, 들과 소속 활동가들은 조례제정운동에 핵심적인 역할을 하고 있었다. 인턴이었던 나는 고민할 틈도 없이 서울학생인권조례제정운동에 참여하게 됐다.

학생인권조례는 '학생도 인간'이라는 너무나 당연한 명제에서 출발했다. 따라서 학교 안에서 침해되고 있는 인간의 기본적인 권리를 되찾는 것을 목표로 했다. 학생은 국가의 '인적 자원'이나 명문대에 진학해 학교의 명예를 드높이는 도구가 아니다. 미완의 인격체라는 전제하에 교육이라는 이름으로 행해지는 모든 반인권적 행위도 없어져야 했다.

장애는 물론이고, 가족 형태나 성(性)적 지향이 다르다는 이유로 차별해서는 안 된다. 두발 단속은 머리카락이 아닌 한 인간의 존엄을 자르는 행위이다. 옷은 각자의 개성을 표현하는 방법이고 침해할 수 없다. 개인의 소지품을 검사하거나 압수하는 것은 부당하다. 소중하고 민감한 개인 정보를 함부로 알려서도 안 된다. 체벌 등 폭력은 말할 나위도 없다. 그리고 학교의 구성원으로서 규칙과 문화를 만드는 일에 참여할 수 있어야 한다. 이 모두는 지극히 당연한 권리지만 오직 학교 안에서만은 예외였다. 따라서 학생도 한 인간으로서 존중받아야 한다는 사회적 합의가 필요했다. 비극이 아닐 수 없다. 인권을 조례를 통해 보장해야 하는 사회라니 말이다.

더디 가도 제대로 가야지

경기도는 교육청이 주도해 교육감 발의로 학생인권조례를 제정했다. 서울은 달랐고 달라야만 했다. 경기도에서 처음 학생인권조례를 발의했을 때만 해도 대부분의 사람들에게 학생인권이라는 말은 생소한 것이었다. 당사자인 학생들도 마찬가지였다. 시민들에게 공감과 필요성을 알리고 이끌어 내기도 전에 정치적 쟁점이 됐다. 인권을 보장하는 데 정치적 합의와 손익계산이 필요했다. 조례를 제정하기 위해 인권의 내용과 범위가 거래되는 진풍경이 벌어졌다. 아래로부터의 요구가 필요했다. 그래서 서울본부는 직접 서명지를 들고 거리로 나서기로 했다. '주민발의'를 통해 학생인권조례를 제정하기로 한 것이다. 시민들이 조례 제정의 주체가 되어 학생인권의 당위성을 요구했다. 가장 민주적인 방법이었지만 돌이켜 보면 가장 어렵고 힘든 방법이었다. 주민발의는 6개월 동안 시·도 단위 유권자 1%(서울의 경우 약 8만 2,000여 명)의 서명을 받아야 했다. 서명이 모아지면 시·도의회에 제출해 심의와 의결

과정을 거쳐 조례로 제정되는 것이다.

서명운동에 참여하면서 많은 것을 느꼈다. 학생인권조례에 대해 사람들을 만나 설명하고 설득하는 과정에서 별별 사람을 다 만났다. 서명지를 집어던지는 사람, 욕을 퍼붓고 가는 사람, 심지어 협박하는 사람도 있었다. 6개월 동안 매일 그런 사람들을 만나 설득하다 보니 몸보다 마음이 더 지쳤다. 주민발의제도 자체가 복잡하고 쉽지 않은 과정임을 알고 있었지만 힘든 건 어쩔 수 없었다.

더구나 서명지의 요건이 너무 까다로웠다. 이름을 쓰는 건 당연한데 서명란에 정자正字로 이름을 다시 써야 했다. 주민등록번호까지 받아야 했고, 주소도 주민등록상의 주소와 일치해야 했다. 생각해 보자. 거리에서 처음 보는 사람들이 당신의 이름과 주민등록번호, 주소 같은 민감한 개인 정보를 요구하는데 선뜻 펜을 들 수 있겠는가. 내가 처음 거리 선전전을 시작할 때는 서명이 아니라 도장을 받아야 한다는 루머 아닌 루머도 잠깐 돌았다. 주민발의 자체도 생소한데 그 절차가 얼마나 복잡하고 까다로웠으면 도장까지 받아야 한다는 이야기를 여과 없이 믿어 버렸을까. 시민들 중에 개인 정보를 기꺼이 적어 주고 거기다 도장까지 찍어 줄 사람이 얼마나 있을까. 더구나 요즘 도장을 가지고 다니는 사람이 몇이나 되겠는가. 8만 2,000개의 도장이라니. 생각만 해도 아찔한 기억이다.

거리에서 거리로, 겨울에서 봄으로

나의 첫 거리 선전전은 칼바람 부는 2월의 신촌역 앞에서였다. 무엇보다 하루 종일 서 있어야 하는 게 무척 힘들었다. 게다가 날씨는 또 얼마나 추운지 손과 다리가 꽁꽁 얼어 따끔거리기까지 했다. 초강력 핸드크림을 몇 통이나 썼는지 모른다. 더구나 나는 낯을 엄청 가리는 성격이라서 모르는 사람, 그것도 나를 경계하는 사람에게 끊임없이 말을 걸어야 하는 게 너무 힘들었다.

첫날은 말 그대로 혼란의 도가니였다. 내가 왜 이걸 하고 있는지에 대한 자기 확신도 부족한데다, 무섭고 춥고 시간은 더디게 흘렀다. 그래도 인간은 적응의 동물이라 했던가. 그렇게 한두 달 거리 선전전을 하며 서명을 받다 보니 연약했던 내 피부도 어느새 강철처럼 단단해졌다. 드디어 봄이 왔고, 벚꽃이 만개한 여의도의 거리 선전전은 아직도 기억이 생생하다.

학생인권조례제정운동을 하면서 멸시도 많이 받았지만, 반대로 따뜻한 마음도 참 많이 받았다. 정확히 기억은 나지 않지만 꽃샘추위가 기승을 부리던 날에 열심히 서명을 받고 있는데 어떤 여성분이 다가와 따뜻한 캔 커피를 주셨다. "수고하세요. 힘내세요." 그분의 말은 손에 받은 캔 커피의 온기보다 더 따뜻했다. 그런 분들이 생각보다 많았다. 서울 시민이 아니거나 유권자가 아니라서 서명을 할 수 없는 분들도 우리를 지지해 주었다. 주변 사람들을

2011년 2월 18일.
칼바람 부는 2월 강남역에서 주민발의 서명을 받기 위해 선전전을 벌이고 있는 활동가.

©최승훈

설득해 서명을 받아 서명지를 우편으로 보내 줄 때는 너무 감사했다. 학생인권조례에 공감해 외국에서 우편으로 서명지를 보낸 경우도 있었다. 지지와 응원의 편지도 받았다. 비록 유권자가 아니라서 서명은 할 수 없지만 조례가 꼭 제정되었으면 좋겠다고 말하는 학생들을 볼 때마다 힘이 났다. 몇몇 사람들이 쏟아낸 분노와 멸시로 지치고 힘들 때도 응원 한마디에 '선전전 그까짓 거 몇 달이고 해 주지!' 하며 열의를 불태우기도 했다. 서명하고 싶지만 서울 시민이 아니라 할 수가 없다고 죄송하다고 하는 말을 들을 때도 지지받고 있다는 느낌에 많이 든든해지곤 했다. 그런 한마디 말들이 얼마나 따뜻하고 힘이 됐는지 모른다. 이미 학교에서 정한 인턴십 기간은 끝났지만 나는 돌아갈 수 없었다. 하루에 여덟 시간씩, 때론 열 시간씩 서서 서명을 받고 집에 가면 다리가 붓고 온몸이 아팠다. 거리에서 혹은 전철역 앞에서 하루 종일 고생하며 서명을 받으면 적게는 몇십 장, 많게는 몇백 장씩 모이곤 했다. 마감 일은 임박해 오고 8만 2,000장에는 한참 모자랐지만 차곡차곡 모여 가는 서명지를 바라볼 때마다 당장 세상이 바뀌기라도 하는 것처럼 뿌듯하고 기뻤다.

학생인권조례제정운동 내내 길거리 선전전만 진행한 것은 아니다. 틈틈이 서명지를 각 구별로 분류하는 작업도 했고, 피켓을 만든다거나 퍼포먼스 준비도 했다. 그중 서명지를 분류하는 작업은 정말 만만치 않았다. 일일이 수작업으로 진행해야 하는 만큼

인내심과 육체적 피로를 동반했다. 고된 노동일수록 웃고 떠들면서 해야 한다는 조상들의 지혜처럼 노동요(?)가 여기저기서 들려왔다. 어느 날엔 분명 뇌는 숙면을 취하고 있지만 손은 분류 기계처럼 정확하게 움직이고 있다는 사실을 확인하고 내 능력에 놀라기도 했다. 집에 다녀오는 시간도 아깝다며 짐을 한가득 챙겨 와 서울본부에서 숙식하며 지낸 활동가들도 있었다. 막바지엔 밤샘 작업이 이뤄졌다. 며칠 동안 잠도 안 자고 서명지를 분류하느라 활동가들 모두 얼굴이 퀭했다. 다들 초췌한 모습이었고 건강도 좀 악화됐지만 그래도 우리는 웃을 수 있었다. 아니 기쁘고 행복했다.

주민발의 기간을 한 달 남겨 둔 시점까지 필요한 서명의 절반에도 못 미치는 3만 2,000여 명의 서명을 받았다. 한 달 동안 5만여 명의 서명이 더 필요했다. 당연히 불가능하리라 여겼고, 주민발의는 무산될 것 같았다. 하루에도 몇 번씩 '이대로 끝인가' 하는 절망과 '어떻게든 될 거야 힘내자' 하는 막연한 희망이 교차했다. "할 수 있다! 할 수 있다!" 하고 외쳐 봐도, 어딘가 모르게 조마조마하고 속이 타는 건 어쩔 수 없었다. 그러나 그 한 달 동안 기적이 일어났다.

2011년 5월 10일, 주민발의 서명을 마감한 이날, 서울본부는 울음바다가 됐다. 주민발의 요건을 한참 초과한 8만 5,000여 명의 서울 시민들이 서명에 참여한 것이다. 너나 할 것 없이 부둥켜

안고 펑펑 울음을 터트렸다. 지난 6개월 동안, 한겨울 추위 속에서 발을 동동 구르며 고생했던 기억과 기쁨이 한꺼번에 터져 나와 울고 웃었다.

그러나 기쁨도 잠시뿐이었다. 이름, 주민등록번호, 주소 등 기재 오류로 7만 2,000여 명의 서명만 유효 서명으로 인정되어 보정 기간 5일 동안 1만여 명의 서명을 더 받아야 했다. 우여곡절 끝에 2만 8,939명의 서명이 추가로 제출됐다. 총 11만여 명의 서울 시민이 주민발의에 동참했고, 9만 7,702명의 서명으로 주민발의는 성공! 마치 한 편의 드라마처럼 결말도 해피엔딩이었다.

우리에게 남겨진 과제

2011년 11월 19일. 서울시의회에서 서울학생인권조례가 제정됐다. 당시만 해도 나는 이제 학교 안에 학생인권이 뿌리내리는 일만 남았구나 하고 생각했다. 학생인권이 사회적 이슈가 되고 좀 더 진전된 논의들을 이끌어 낼 수 있겠다 싶었다. 그런데 이게 웬걸? 오판이었다.

학생인권조례가 제정되고 나자 폭력은 더욱 교묘해졌다. 체벌이 금지되자 인격을 비하하고 모욕을 주는 언어폭력이 확대되어 그 자리를 채웠다. 상벌점제는 학생들의 행동 하나하나를 제약하는 방향으로 더욱 까다로워졌다. 학생들이 스스로의 판단이나 선택에 의한 행동을 할 수 없도록 제약하는 것이다. 상벌점제의 방점은 상점이 아닌 '벌점'에 있다. 벌점의 공포, 스트레스 또한 폭력이다. 원칙적으로 교육에 폭력이 섞이게 된다면 그건 이미 조련이지 교육이 아니지 않나! 나는 이런 폭력들이 학교 안에서 교육이란 이름으로 행해지고 있다는 사실을 듣고 분노했다.

보수 언론들이 앞다투어 학생인권조례에 대한 원색적인 비난과 함께 '교권 붕괴'에 대한 우려를 쏟아 낼 때도 마찬가지였다. 그들이 이야기하는 교권은 학생에 대한 교사의 '통제권'만을 의미했다. 내가 생각하는 교권이란 외부의 부당한 간섭 없이 가르칠 수 있는 권리이다. 교사는 전문가로서 학생들의 경험과 능력에 따라 학습 내용과 방법을 결정할 수 있어야 하고 자유롭게 가르칠 수 있어야 한다. 이것은 교사로서 누려야 할 당연한 권리다. 학생들을 때리거나 부당한 방법으로 통제하는 것은 결코 교사의 권리도 역할도 아니다. 정말 교권 붕괴의 원인을 찾고 싶다면 학생들의 인권을 인정하지 않는 낡고 병든 학교와 교육 시스템에서 찾아야 한다.

서울학생인권조례를 무너뜨리려는 보수 진영의 공격 또한 집요하고 지독했다. 교육과학기술부 이주호 장관은 상위법인 초·중등교육법 시행령 개정을 통해 학생인권조례를 무력화시키기 위해 이빨을 드러냈다. 현재 서울시 교육감 권한대행을 맡고 있는 이대영 부교육감은 곽노현 교육감이 유죄 판결로 교육감직을 상실하기 전부터 학생인권조례에 대한 재의를 요청했다. 학생인권조례가 개별 학교의 자율권을 무시한다는 이유에서였다.

학생인권조례를 지키기 위한 시민운동 차원의 노력이 다시 필요한 시점이다. 조례 제정이라는 목표를 이루었으나 뿌리도 내리기 전에 파헤쳐질 위험도 여전하기 때문이다. 그래서 여러 인권·교육단체들이 함께 참여한 '인권친화적 학교+너머 운동본부'는 학교 현장에 학생인권조례가 뿌리내릴 수 있게 하기 위해 움직이고 있다. 대선 국면을 맞이해 학생인권법 제정을 위해 노력하고 서울시 교육감 재보궐 선거에서도 학생인권조례에 든든한 동반자가 될 교육감을 선출하기 위해 움직이고 있다. 학생인권조례는 이미 한물 간 이슈가 아니라 교육의 변화를 이끌어 내기 위해 지속적으로 노력하고 고민해야 할 과제이기 때문이다.

이제는 당사자인 학생들이 나서야 한다. 위태로운 학생인권조례의 운명은 학생들의 손에 달려 있다고 해도 과언이 아니다. 학생들 또한 학생인권조례가 제정됐다고 해서 교실 안 인권의 부재가 한 번에 해결될 거라는 생각은 하지 않았을 것이다. 청소년이 스스로의 권리에 대해 자각하고, 문제를 해결하고자 시도하는 것이 암담한 교육 현실에 대한 유일하고 가장 확실한 방법이라고 생각한다. 지금 당장 학교 현장에서 학생인권이 실질적으로 보장될 수 있도록 배경을 만들어야 한다. 학생회가 교장 등 학교 측이 아닌 학생들의 목소리를 대변할 수 있도록 학생 자치를 이루어내야 한다. 학교운영위원회의 의사 결정 과정에도 참여해 목소리를 높여야 한다. 이는 학교 구성원으로서 당연히 누려야 할 권리임을 알아야 한다.

그날을 되돌아보며

학생인권조례제정운동을 하고 난 뒤로, "학생에게 인권이 어디 있어! 공부나 열심히 해!"라는 말이 계속 귓가에 맴돌았다. 정말 가슴 아픈 말이다. '학생에겐 인권이 없다'는 말은 '학생은 사람이 아니야'라는 말과 다르지 않다. 사람이 사람답게 살아갈 수 있는 권리가 인권이고, 학생들도 사람인데 왜 그 사실을 잊고 사는 걸까?

나는 이때껏 인권이라는 말이 필요 없을 정도로 내가 하고 싶은 대로 하고 살아왔다. 저들의 논리대로라면 나는 어떤 사람인 건가 싶기도 했다. 내가 너무 현실에 등을 돌리고 살았던 것 같아 일반 학교 학생들에게 죄책감마저 들었다.

학생들은 사회의, 시스템의 부속품이 아니다. 그들 하나하나가 독립적이고 존엄한 인간이다. 대학입시를 위해 쓸데없이 많은 지식을 필수적으로 머리에 욱여넣어야만 하는 것도 가슴 아픈데, 거기다 대고 사람답게 살지도 말라니 '잔인해도 너~무 잔인하다'는 생각이 들었다.

거리에서 서명을 받을 때 가장 슬펐던 때가 생각난다. 교복을 입은 몇몇 학생들이 이렇게 말했다. "그래도 말 안 듣는 애들은 좀 얻어맞아야 정신 차리는데……." 폭력도 교육의 한 가지 방법이라고 생각하게끔 길들여진 것이다. 순종, 인내, 침묵하는 인간으로 길들이는 게 진정 교육이라고 생각하는지 되묻고 싶었다. 어른들이 "내 아이는 졸업했기 때문에 상관이 없다"라고 말할 때는 사막 한가운데 나 혼자 서 있는 것 같았다. 이처럼 우리 사회의 슬픈 단면을 마주할 때면 마음이 먹먹해지곤 했다. 사회가 녹록지 않은 것은 잘못된 현실보다 이런 이기심 때문이 아닐까 하는 생각이 들었다.

학생인권조례제정운동을 하면서 힘들고 슬펐던 시간들이 참 많았지만 모두 소중한 기억으로 남았다. 그 기간 동안 참 많이 성장한 나를 발견하기도 했다. 인권을 만난다는 것은, 용기를 낸다는 것은 결국 나의 삶을 보다 더 행복하고 풍족하게 만드는 가장 좋은 방법임을 깨달았기 때문이다.

나는 인권활동가를 꿈꾸지만 지금 학생인권운동을 계속하고 있진 않다. 대신 학생인권조례가 학교와 교실 속에 굳건히 뿌리내릴 수 있도록 노력하는 활동을 계속하고 싶다. 조례제정운동에 참여했던 활동가 한 명이 "네가 싼 똥은 네가 치워야지"라고 농담처럼 이야기했다. 맞는 말이라고 생각한다. 크게 성큼 딛는 걸음은 위태롭고 불안정하다. 그래서 조금씩 조금씩, 느리지만 견고하고 단단하게 바꿔 나갔으면 좋겠다. 변해 갔으면 좋겠다. 학생인권의 꽃이 활짝 피어날 봄이 오기를 기대하면서 씩씩하게 걸어가야겠다.

학생이 주인인 학교, 가고 싶은 학교를 만들다 **04**

배움나라 학생공화국 입국 선언, '희망의 우리학교'

정윤서 | 희망의 우리학교

wowoowa@gmail.com

올해 초 친구들과 학교를 세우겠다며

우발적으로(?) 자퇴서를 냈습니다.

현재는 그 결실인 희망의 우리학교에서 기획사업팀장을

맡고 있습니다. 틀도 없고 규제하는 사람도 없는

학교의 주체가 되면서 때로는 무거운 책임감에 울고,

때로는 스스로 찾은 희망에 웃으며,

어렵지 않지만 쉽지도 않은 희망의 우리학교를 통해

배우고 성장하고 있습니다.

전국 모든 학교를 '희망의 우리학교화'하는 꿈을 꾸고 있답니다.

올해 3월 즈음이었습니다. 당시 설립준비모임이었던 희망의 우리학교 사무실에 있는데 엄마에게 전화가 왔습니다. 아빠를 잘 설득했으니 월요일에 자퇴서를 쓰러 가자는 내용이었습니다. 제가 자퇴에 대한 이야기를 꺼낸 지 나흘만의 일이었습니다. 짧다면 짧은 시간, 예상 밖이었던 엄마의 지지도, 생각보다 빠른 허락에도 얼떨떨했습니다.

기뻐야 했습니다. 부모님도 허락하셨겠다, 내가 원하던 희망의 우리학교 활동에도 집중할 수 있겠다, 저로선 분명 기뻐해야 할 일이었습니다. 그런데 자퇴서를 쓰던 날 저는 하나도 기쁘지 않았습니다. 눈물만 뚝뚝 떨어졌습니다.

원래 저는 자퇴는 생각지도 않았습니다. 학교가 어쨌건 간에 친구들과 함께 지내는 시간이 좋았습니다. 지금 돌이켜보면 친구들과 학교에 있던 순간순간이 좋은 추억이었습니다. 하지만 저와 제 친구들이 '수능'과 '대학입시'에 가까워질수록 좋은 추억 쌓기보다는 난관과 괴로움이 더 많았습니다. 그러던 중 고등학교 3학년으로 올라가는 봄방학을 맞이했고, 추위마저 얼어버릴 것 같던

2월, 우리는 고3이라는 이유만으로 쉬는 시간 없이 하루 4시간 강제 자습을 해야만 했습니다. 다가오는 봄도 창 너머로 바라보기만 해야 했습니다. 학창 시절의 마지막을 이렇게 보내야 한다니 억울했습니다. 그래서 저는 소심한 반항으로 자습 시간에 문제집 대신 읽고 싶은 책을 잡고, 간간이 몰래 스마트폰도 만지면서 시간을 보냈습니다. 그러던 중 트위터에서 최훈민이란 친구의 글을 보았습니다.

"저 오늘 죽음의 입시 경쟁 교육을 거부하며, 고등학교를 자퇴합니다. 또 학생이 주인인 진정한 학교를 만들어 보려고 합니다. 내일(2012년 2월 29일) 11시에 이와 관련해서 교과부 앞에서 1인시위합니다! 많은 응원 부탁드려요!"

처음엔 그냥 '나랑 동갑이네, 이런 친구도 있구나' 하는 생각에 응원 메시지를 남기고 팔로우도 했습니다. 그러다 문득 1인시위를 하는 모습을 직접 보고 싶다는 생각을 했습니다. 하지만 단지 그 이유만으로 가기에 광화문광장은 먼 거리였습니다. 그러다 얼마 후 희망의 우리학교 첫 설립준비모임이 열린다는 소식을 접했습니다. 하지만 아쉽게도 그날은 제게 놓칠 수 없는 K리그 경기가 열려 인천에 가야 했습니다. 지금 생각해 보면 처음에는 그렇게 큰 관심도 없었던 것 같은데, 어떻게 여기까지 왔는지 모르겠습니다. 이런 잡다한 이유로 차일피일 미루면서 SNS만으로 지켜보다가 2차 설립준비모임에 참여했습니다. 바람이 많이 불던 날이었습니다. 50여 명의 사람들이 광화문광장에 모였습니다. 몇 시간에 걸쳐 사람들과 진지하게 이야기를 나눴습니다. 부끄럽지만 뒤풀이 자리에서 제가 했던 말이 아직도 생각납니다.

"저는 자퇴할 생각 없어요. 어차피 고3은 수능이 곧 졸업이나 다름없는데, 8개월밖에 안 남았고…… 그동안만 견딜래요. 졸업하고 괜찮은 사람이 돼서 멘토로 돌아올게요."

이 말을 한 지 정확히 이틀 뒤, 저는 부모님에게 학교를 그만두고 싶다고, 희망의 우리학교에 가고 싶다고 울며불며 매달렸습니다. 희망의 우리학교에 상시적으로 참여하진 않았지만 방과 후나 휴일에 간간이 참여하는 동안 생각이 바뀐 탓이었습니다. 마음 맞는 사람들과 생각을 나누고, 꽃샘추위가 기승을 부린 3월에 거리 캠페인을 하면서 느낀 게 많았습니다. 첫째는 속으로는 학교가 너무 힘들어 그만두길 원하면서도 친구들과 헤어짐이 아쉬워 애써 자기 합리화하고 학교생활을 '견디겠다'고 표현한 저 자신이 불쌍하고 창피했습니다. 둘째는 이런 이유로 고민하는 이 순간이 너무 고통스러워 제 동생들, 후배들에게는 절대 물려주고 싶지 않다는 생각이 들었습니다. 그리고 시린 손을 불어 가며 전단을 나눠 줄 때 받은 응원의 한마디 한마디는 희망과 확신을 갖게 해 주었습니다.

아무리 결심을 했다지만 너무 많은 것들이 눈에 밟혔습니다. 점심 먹고 산책하던 학교 뒷동산, 학생증 안 가지고 다닌다고 잔소리하던 영양사 언니, 아침 일찍 오면 항상 빗자루질을 하고 계시던 경비 아저씨, 그리고 친구들까지……. 아무리 사소해도 잃고 싶지 않은 것들이었습니다. 특히 친구들이 그랬습니다. 진절머리가 나던 학교에서 그나마 버틸 수 있었고 이 순간까지도 좋은 추억을 회상할 수 있게 해 준 것이 바로 친구들이었습니다. 잃고 싶지 않았지만 그렇다고 어찌할 도리가 없었습니다. 분명 학교는 바뀌어야 했고, 그 안에 있는 것은 더 이상 무의미했습니다. 결국 저는 담임 선생님의 "잘 살아"라는 쓴 인사를 뒤로한 채 눈물범벅이 된 채로 학교를 나왔습니다.

배움나라 학생공화국 입국立國

다음 날부터 저는 매일 종로에 있는 임시 사무실로 향했습니다. 밤 12시 넘어 집에 가는 일이 허다했고 처음 해 보는 일에 머리가 핑핑 돌았지만 지금 생각해 보면 그때가 가장 재미있었던 것 같습니다. 기존 틀을 버리고 바닥부터 우리가 하나하나 짜고 만들어 가는 것의 재미는 이루 말할 수 없을 정도였습니다. 그리고 이 '재미있는 일'의 결실이 5월 12일 종로구청 강당에서 맺어졌습니다.

5월 초는 정말 정신이 없었습니다. 개교식인 '희망의 우리학교

2012년 5월 12일.
최훈민 군이 1인시위를 시작한 지 74일 만에 종로구청 한우리홀에서 '희망의 우리학교'의
교문이 활짝 열렸다.

ⓒ희망의 우리학교

여는 날' 행사를 준비해야 하는데 다들 경험이 없다 보니 준비는 늦어지고 서로 짜증만 늘어 갔습니다. 그즈음 1주일 정도 'SBS 현장21'의 방송 촬영도 있었던 터라 더 정신이 없었습니다. 결국 개교식 전날까지 밤을 새워 가며 겨우겨우 행사 준비를 마칠 수 있었습니다.

저희는 종로구청 강당에서 '배움나라 학생공화국'의 입국立國을 컨셉으로 각 손님들에게 입국 심사를 통해 여권을 발급해 드렸습니다. 정신없이 여권에 도장을 찍다 고개를 들어 보니 어느새 200석 정도 되는 강당이 손님으로 꽉 차 있었습니다. 뒤편에서 그 많은 사람들을 보니 순간 바짝 긴장이 되었습니다. 이 많은 사람들이 우리를, 희망의 우리학교를 보러 왔다는 사실이 느껴지니 긴장하지 않을 수 없었습니다. 그래서 그런지 그날 준비했던 것을 어떻게 보여 줬는지 잘 기억이 안 납니다. 하지만 제가 유일하게 선명히 기억하고 있는 것은 그동안의 짜증과 힘듦은 다 사라지고 뿌듯함과 기쁨이 마구 몰려왔다는 것입니다. 이것이 저에게 무엇이든 할 수 있다는 근거 있는 자신감을 심어 주었습니다. 훈민이가 1인시위를 시작한 지 꼭 74일 만의 일이었습니다.

그로부터 수개월이 지난 지금, 저는 여전히 '자퇴생', 혹은 '제도 밖 청소년'이라고 불립니다. 자퇴自退는 스스로 '자'에 물러날 '퇴' 자를 씁니다. 이것만 보면 저에게 쓰이는 자퇴생이라는 호칭은 분명 잘못됐습니다. 저는 저와 제 친구들을 죄수처럼 가둬 버린 학교로부터 쫓겨났습니다. 하지만 사회는 그런 저에게 오히려 학교 부적응자, 배움 포기자와 같은 딱지를 붙일 뿐입니다. 저뿐만 아니라 수많은 제도 밖 청소년들이 이런 오명을 쓰고 있습니다.

제도권 학교가 정말 학생들을 존중할 줄 아는 '제대로 된' 학교였다면 지난 한 해 동안 7만 6,489명씩이나 되는 청소년들이 학교를 떠나는 일이 생겼을까요. 희망의 우리학교 학생으로 있으면서 정말 많은 제도 밖 청소년, 대안교육 시설 학생들을 만났습니다. 자퇴한 이유도, 대안교육을 택한 이유도 그 수만큼 다양합니다. 우리 학교만 봐도 그렇습니다. 저는 앞서 말했듯이 인문계 고등학교에서 겪었던 일들 때문에 자퇴를 고민했습니다. 다른 친구들은 특성화고나 인가된 대안학교를 다니다가 빛이 바래 버린 학교의 설립 이념에 대한 실망, 학교폭력, 지나친 입시 경쟁 등 셀 수 없이 많은 이유로 학교를 나오게 되었습니다. 이런 문제들을 일으키는 주된 원인은 입시 중심의 교육체제입니다. 이런 모순된 교육체제를 바꾸기 위해 희망의 우리학교가 생겼고, 저와 비슷한 문제의식을 가진, 혹은 다른 이유로 기존의 교육을 거부하는 이들이 그 대안으로 찾는 것이 바로 대안교육입니다.

그러나 대안교육이나 학교 밖을 선택한, 혹은 그곳으로 내몰린 청소년들은 제도 밖이라는 이유로 제도권 학생이 받는 정부 지원 등에서 제외됩니다. 덕분에 교육 시설 임대료, 전기료, 수업 준비 비용 등은 고스란히 학비 증가로 이어지고, 덕분에 '비인가 대안

2012년 8월 6일.

광화문광장에서 제18대 대선을 맞아 각 정당의 대선 경선 후보자들에게 교육정책과

교육 비전에 대한 질의서를 보낸 후 받은 답변을 발표하는 기자회견을 가졌다.

하지만 경선 후보자들의 원론적 답변과 그조차 해 주지 않은 새누리당 김문수, 박근혜,

임태희 후보의 태도에 실망과 분노를 느꼈다.

ⓒ희망의 우리학교

학교 = 귀족 학교'라는 이상한 공식마저 생겨 버렸습니다. 교육을 받는 당사자에게는 어떤 교육을 받을지 대등한 조건 내에서 선택할 권리가 있습니다. 교육은 중간고사 시험지 속 오지선다처럼 이루어지는 것이 아니라 폭넓은 선택지가 있어야 합니다.

학교의 조건

　희망의 우리학교 역시 비인가 대안교육 시설로 분류됩니다. 앞서 말했듯 제도권 밖이기 때문에 정부의 지원은 전혀 받지 못하는 상황입니다. 하지만 설립준비모임 당시 회의를 통해 누구든 희망의 우리학교 학생이 될 수 있어야 한다는 생각에 최소한의 비용을 모색하다가 파격적으로(?) 입학 준비비 10만 원, 월 배움 활동비 20만 원으로 학비를 정하게 되었습니다. 사실 당시에는 '일단 해보자'는 심정으로 시작했던 것인데, 후원금도 들어오고 알뜰하게 사용해서 그런지 다행히도 아직까지는 유지되고 있습니다. 그나마 조계사의 도움으로 가장 부담스러운 공간 문제가 해결되었고, 서울시학교밖청소년지원센터의 네트워크학교로 선정되어 행정을 맡는 간사의 인건비가 지원이 되니 이 정도의 운영이 가능한 것으로 생각합니다. 학교 재정 외에도 이런저런 고민거리들이 있습니다. 예를 들면 점심을 어떻게 해결할까 같은 사소한 문제도 저희에게는 큰 고민입니다. 지금까지 점심시간에 저와 제 친구들은 종로 인근 식당에서 직장인들 사이에 앉아 식사를 해결했습니다. 그러다 얼마 전 후원금으로 작은 냉장고를 사 각자 집에서 가져온 반찬으로 채우고, 간사님이 집에서 가져온 전기밥솥에 밥을 해 학교 급식이라고 할 수 있는 점심식사를 시작하게 되었습니다. 대부분의 비인가 대안교육 시설이 저희와 비슷한 문제들로 골머리를 앓고 있습니다. 가끔은 벌써부터 학교 재정과 점심식사 메뉴를 고민하고 있는 제 모습에 직장인인지 학생인지 헷갈리기도 합니다.

지난 11월 4일, 희망의 우리학교와 청소년인권행동 아수나로, 그 외 다양한 인권단체가 함께 '청소년과 함께하는 민주진보 서울교육감 후보 정책토론회'를 주최해 5명의 후보를 모셔 놓고 토론 시간을 가졌습니다. 그곳에서 저는 5명의 후보에게 비인가 대안교육 시설의 현실을 설명한 뒤, 어째서 교육청에서는 '권한이 없다, 의무가 없다'는 말만 반복하며 이런 현실을 무시하는지 물었습니다. 그러자 나온 대답이 '정해 놓은 인가의 기준이 있다. 그에 적합하면 교육청에서 지원하는 것이다'였습니다. 섭섭하기도 하고 실망스러웠습니다. 당시에는 토론회 시간이 지나치게 모자라 참아야 했지만 지금이라도 하고 싶은 말이 있습니다. 인가받은 대안교육 시설까지만 교육청의 지원 범위인 것은 잘 알고 있습니다. 하지만 제가 정말 묻고 싶었던 것은 과연 각 후보들이 생각하는 학교의 범위도 '교사(건물)가 하나 이상 있고, 도서실과 도랑이 파인 운동장이 있는' 등의 외형적 조건이라고 생각하는지였습니다. 희망의 우리학교는 교실 하나, 사무실 하나에 조계사 앞마당을 운동장 삼고 정독도서관을 학교 도서관 삼으며, 광화문광장 이순신, 세종대왕상을 학교 동상 삼고 있습니다. 시설 면에서는 뒤처질지 모릅니다. 하지만 이곳에서 우리가 받는 수업, 우리의 공부, 우리의 배움은 다른 어느 학교보다도 의미 있고 훌륭합니다. 장소라는 것은 '진짜 학교'의 조건에서 그다지 큰 부분을 차지하지 않는다는 것을 가장 잘 보여 줄 수 있는 곳이 희망의 우리학교라고 생각합니다. 만일 예비 교육감 후보였던 그분들이 이 부분에 대해 알고 공감할 기회가 있었다면, 절대 그 현장에서 권한과 의무에 관한 이야기는 나올 수 없었을 것입니다.

사회가 원하는 학교의 기준에 맞지는 않지만 우리에겐 우리만의 규칙, 우리만의 시간표가 있습니다. 등교는 아침 10시, 등교를 하면 학생들과 행정 간사들은 모여 아침회의를 시작합니다. 30분간 짧게 각자의 업무 계획이나 일정을 공유하고, 아침 수업이 있는 날엔 수업에 들어갑니다. 시간표는 모두 회의를 통해 우리가 결정합니다. 배우고 싶은 것이 있다면 제안을 하고 함께 멘토를 찾거나 배울 수 있는 방법을 모색하기도 하고, 멘토가 먼저 희망의 우리학교에 수업을 제안해 오는 경우도 많습니다. 지금은 사회 토론, 독서 세미나, 독서 토론과 같은 토론 수업도 하고 민족 전통 무예라고 하는 기천문도 배웁니다. '어떻게 하면 우리들의 목소리를 예술적으로 표현할 수 있을까?'라는 고민에서부터 시작한 공동체 예술과 같은 예체능 수업도 함께 진행하고 있고요. 그 외에도 영어 공부 모임, 철학으로 자유 찾기, 자기주도학습 코칭, 목공 수업과 같은 아주 다양한 코스(수업)가 있습니다. 매주 금요일에는 성찰회의 혹은 운영회의를 하는데, 성찰회의 때에는 서로 한 달간의 배움 계획을 발표하고 지난 한 달을 되돌아보는 시간을 갖고, 운영회의 때에는 학교의 전반적인 운영에 대해 깊이 있는 회의를 합니다. '학생이 주인인 학교'는 이렇게 만들어지는 것이 아닐까요?

모두가 행복해지는 길

저는 희망의 우리학교에서 배움을 이어 가고 있지만, 제 친구들은 지금 수능을 끝마치고 졸업을 기다리고 있습니다. 지난가을 수능만 끝나면 실컷 얼굴 보자던 친구들이 진짜 수능을 끝내고 곧 있으면 대학생이 된다니 신기합니다. 상황이 이렇다 보니 요즘 들어 주변에서 후회하지 않느냐는 질문을 많이 듣습니다. 대학생이 될 친구들을 보면 부럽지 않느냐는 것이지요. 무모하게, 과감하게 자퇴서를 쓰고 나왔으니 후회할 법도 합니다. 그런데 신기하게도 저는 지금까지 단 한 번도 후회한 적이 없습니다. 오히려 그때의 과감한 선택이 제 인생에서 가장 잘한 일 중 하나였다고 생각합니다. 그래도 가끔은 '학교가 정말 학생을 위하고 존중하는 공간

2012년 11월 3일.
학생의 날, 서울광장에서 '2013 새로운 교육실현 국민대회'가 열렸다. 희망의 우리학교가 참여하고 있는 '인권친화적 학교+너머 운동본부'도 부스를 열어 인권친화적 학교를 만들기 위한 홍보와 서명운동을 전개했다.

ⓒ희망의 우리학교

이었다면 지금의 나는 어땠을까' 하는 생각을 하곤 합니다.

12년 조금 안 되는 시간 동안 학교에 있어 봤지만 학교는 바뀔 기미가 보이지 않았습니다. 오히려 근본적 문제의 해결보다는 자꾸만 추가되는 겉치레식 대책으로 혼란스럽기만 하고 무언가 나아지는 것은 없었습니다. 그렇다 해서 제도권 학교가 무조건 잘못되었고 앞으로도 전혀 바뀌지 않으리라는 것은 아닙니다. 희망의 우리학교와 같은 학교 밖에서부터의 변화가 충분히 좋은 역할을 할 수 있을 것으로 생각합니다. 이런 말을 하면 불가능하다고 혀를 내두르는 사람들이 있습니다. 어쩌면 저도 무의식중에 그런 생각을 했기 때문에 학교에 있으면서 겉으로 순응했던 것일지도 모릅니다. 하지만 희망의 우리학교를 만들던 때를 돌이켜 보면 우리학교의 개교도, 제가 이곳에 오게 된 것도 이상하리만치 무모하게 이루어졌습니다. 힘들지는 않았지만, 쉽지도 않았습니다. 계획도 없었고 무작정 시작했던 일이었습니다. 그렇지만 270여 일이 지난 지금은 공간도 있고 멘토와 행정 간사까지 갖춘 어엿한 학교의 모습을 갖춰 가고 있습니다. 중요한 것은 계획이나 가능성이 아니라 마음가짐입니다. 아무리 가능성이 높고 계획이 탄탄해도 하고 싶은 마음이나 진실함이 없다면 그 일은 이루어질 수 없습니다. 반대로 무언가를 진정으로 원하고 스스로를 믿는다면 가능성과 좋은 계획은 자연히 따라오게 마련입니다.

이곳에 와서 느꼈습니다. 혼자만의 행복은 재미없습니다. 저만

웃고 옆 사람은 울고 있다면 저의 웃음은 의미가 없는 것입니다. 희망의 우리학교가 가진 큰 목표 중 하나는 희망의 우리학교만 '희망의 우리학교'인 것이 아닌 전국의 모든 제도권 학교 역시 '희망의 우리학교'가 되는 것입니다. 그렇기 때문에 저와 희망의 우리학교는 모두가 행복해지는 길을 찾고 있습니다. 그 길에 함께해주지 않으실래요?

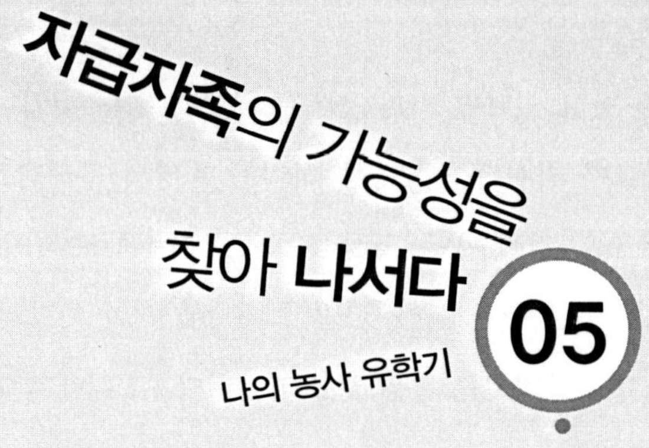

박준하 | 농부, 하이하버연구소 연구원

wetapunga@hanmail.net

대구에 살면서 청소년인권단체 회원으로,

대구 녹색당 당원으로 가입은 했으나 활동은 게으르게 한

열아홉 살 청소년입니다. 지난 5월 하이하버연구소의

연구원 자격을 가지고 대구에서 뛰쳐나와 현재는

경북 영덕에서 농사를 짓고 연구하며 농부로 지내고 있습니다.

하이하버연구소는 파국 이후의 삶을 연구하기 위해

만들어진 '유망한' 연구소로 현재 저를 포함해 두 명의 연구원과

소장님 한 분이 연구소 식구들의 전부입니다. 하하.

소농이 되겠다는 결심

고등학교 입학을 앞둔 2011년 1월이었던 것 같다. 내가 살던 도시인 대구의 한 작은 도서관에서 농부 시인 서정홍 선생님의 시 낭송 겸 강연이 있었다. 서정홍 시인은 수수한 한복 차림에 수염을 기른 모습으로 사람들 앞에서 시 낭송을 하고 시와 농사에 관해 이야기를 했다. 강연을 듣는 내내 시인만의 독특한 기운이 느껴졌다. 저런 분에게 일반적인 도시 사람들처럼 옷을 입히고 면도를 시키면 얼마나 초라해 보일까 하는 생각이 들었다. 강연이 끝나고 시인은 본인이 새로 쓴 책인《농부 시인의 행복론》을 가지고 와서 그 자리에 있던 사람들한테 한 부씩 나누어 주었다. 나도 한 부를 받아 왔다.

강연회가 끝나고 집에 와서《농부 시인의 행복론》을 펼쳐 들었다. 처음엔 그저 막연히 재밌을 거란 기대만 갖고 책을 읽기 시작했다. 유일하게 저자를 직접 만나 본 책이기도 했고, 어릴 적 농촌에서 살아 지금도 자연 속에 있는 걸 그런대로 좋아하는지라 책의 내용이 농사와 생태에 관련되어 있다는 점이 흥미를 끌었다. 그러나 큰 의미 없이 펼쳐 든 책은 너무나도 중요한 내용을 담고 있었다. 우리의 삶을 지속시켜 나가기 위해 농사가 얼마나 중요한지, 농사가 왜 경제 논리에 휘말리면 안 되는지, 자발적으로 가난을 선택해 자연과 더불어 살아가는 삶이 얼마나 지혜롭고 사람다운 것인지 시인은 솔직하고 호소력 있게 풀어내고 있었다. 우리가 자연 속에서 지속가능하고, 유기적이고, 자립된 삶을 살기 위해서는 농사는 필수 중의 필수라는 메시지가 나를 강하게 때렸다. 학교를 몰래 빠지고 뒷산을 돌아다닐 만큼 자연을 좋아하던 내가 왜 이때까지 한 번도 농부가 될 생각은 하지 못했던 걸까? 이 책을 읽은 후, 유기농업을 실천하며 사람들과 행복하게 살아가는 소농이 되어야겠다는 결심이 마음 한쪽에 깊이 자리 잡게 되었다.

기괴한 도시적인 생활

하지만 내가 소농이 되어야겠다고 결심한 후 직접 농사 배우기를 실행으로 옮기기까지는 17개월이라는 긴 시간이 걸렸다. 그리고 그 17개월 중 내가 농사를 배우러 이곳 경북 영덕까지 오게 된 가장 결정적인 계기가 된 시간은 친구들과 자취를 했던 마지막 한 달이었다.

고등학교 1학년 과정을 마친 올해 초, 학교에서 자신이 점점 부서지는 걸 못 견딘 나는 부모님과 협상 끝에 학교를 그만뒀다. 그런데 학교를 그만두고 나니 부모님과 같이 살던 집까지도 갑갑하게 느껴졌고, 부모에게 의지하지 않고 살아 보고 싶다는 생각에 올해 4월부터 5월 중순까지 같은 탈학교 청소년인 친구 두 명과 자취를 시작했다. 자취방은 대구의 중심부에 자리한 수많은 주택들 중 하나였는데, 건물 옥상에서 본 풍경이 내게 준 느낌은 아직도 생생하다. 지평선에 닿을 만큼 넓게 펼쳐져 있던 고만고만한 주택들과 주택 단지 너머로 자잘하게 보이던 도미노 같은 아파트들, 무엇을 하는 곳인지는 알 수 없지만 혼자 하늘을 향해 높게 솟아 있던 건물들. 이 건물들의 숲이 끝나자 그때야 작고 희미하게 산의 윤곽이 보이기 시작했다.

그 전까지는 그린벨트 부근의 작은 아파트 단지에서 매일 산을 보고 살아 실감하지 못했는데 도시는 자연에 비해 너무나도 큰 우위를 점한 이상하고 기괴한 풍경을 연출하고 있었다. 자퇴 후 집 뒷산에서 온종일 신 나게 시간을 보내다가 자연이라고는 가로수가 전부인 도심에서 지내려니 답답하고 지루하고 힘들었다. 자연이 인간에게 주는 활발한 기운, 그런 자연의 근원적인 힘과 단절된 채 살아야 하는 도시는 내게 어떤 생동감 넘치는 힘도 주지 못했다.

도시에서의 생활을 고민하게 만든 데는 다른 이유도 있었다. 생계를 위해서 돈을 벌어야 했던 우리는 아르바이트를 구하는 것 외에는 다른 뾰족한 수가 없었다. 나보다 먼저 아르바이트를 구한 두 친구는 깨어 있는 시간 중 거의 대부분을 아르바이트하는 데 써야 했고, 나는 혼자 아르바이트를 찾아다니거나 집에 하릴없이 있는 경우가 많았다. 친구들은 학교에 다닐 때와 마찬가지로 여유 시간이 부족했고, '자본의 노예'인 자신들의 처지와 윗사람의 명령에 따르기만 해야 하는 일에 대해 불만을 느꼈다. 노예란 표현이 과하지 않은 게 도시에서의 삶이란 모두 돈을 통해 이루어지는, 한마디로 화폐경제에 묶인 채 옴짝달싹할 수 없는 상태에 놓여 있는 것이었다. 친구들이 아르바이트를 하는 것을 보면서 돈에 대한 혐오가 차오르기 시작했다. 나도 친구들처럼 될까 봐 무섭기도 했다.

자취방 옥상 위에서 본 풍경과 아르바이트를 하는 친구들을 보면서 도저히 이렇게 생활할 수는 없다는 생각이 들었다. 자연과 거의 완벽하게 분리된 채 말 그대로 '돈의 노예'가 되어 산다는 건 정말 가혹한 일이었다. 한 달 만에 난 도시에 질려 버렸고 더 이상 이런 곳에서 살고 싶지 않았다. 자연 속에서 자급자족하며 살고 싶다는 욕구가 강하게 일어났다. 그리고 그렇게 살기 위해선 스스로 먹을 것을 생산할 줄 모르면 안 된다는 생각이 들었다. 농사를 배우는 건 내가 선택할 수 있는 최선의 방법이었다.

농촌으로 유학을 오다

하이하버연구소 변홍철 소장님의 소개로 지난 5월, 영덕에서 작은 규모로 농사와 양봉을 하는 가정에 농사 유학을 오게 되었다. 하이하버연구소는 석유 시대 이후 우리는 어떻게 살아야 할 것인지를 연구하기 위해 만들어진 곳으로 나는 이곳의 연구원이다. 식구들 모두가 날 반갑게 맞아 주었다. 자연과 혼연일체가 된 자급자족 생활을 배우고 실천하는 것에 초점을 맞춘 나의 영덕 생활은 이렇게 시작되었다.

내가 지내는 집(이하 우리 집)에서 내다 팔기 위해 기르고 있는 작물은 벼, 감자, 고추, 흰콩, 검은콩, 꿀이다. 나는 이 집에서 일을 거들고 돈 대신 숙식을 제공받는다. 화폐경제에서 벗어날 수 있는 근본적 대안은 아니지만 화폐만이 노동에 대한 유일한 보상이 아니라는 걸 몸소 경험하고 있다는 점에서 의미가 있다고 생각한다. 물론 화폐경제에서 벗어난다는 것을 너무 쉽게 보았던 점도 있다. 내 개인적 차원에서는 돈 없이, 돈을 쓰지 않고 지내고 있지만 그래도 내가 여기서 먹고 자고 씻을 수 있는 것은 기본적으로는 우리 집 식구들이 농사일을 통해 돈을 벌기 때문이다. 그리고 나 또한 이곳에서 내다 팔 작물들을 키우는 걸 도와주고 있으니 내가 돈을 벌고 있다고 말해도 무리는 아닌 듯하다. 화폐경제에서 벗어나 자급자족의 삶을 사는 게 그리 간단한 일은 아닌 것 같다.

영덕에 와서 논과 밭에 화학비료를 치고 고랑마다 제초제를 뿌리고 농약을 치는 모습을 많이 봤다. 제초제 때문에 흙이 시커멓게 변해 아무 풀도 나지 않던 고랑, 방금 농약을 친 작물들에서 풍기는 어질어질한 약 냄새, 많은 수서곤충들이 헤엄치던 논에 화학비료를 뿌리자 급격하게 줄어들던 곤충의 개체 수…….

다행히 우리 집에선 농사를 짓는 양이 적어서인지 농약과 제초제, 화학비료를 치지 않는다. 기계도 거의 쓰지 않는데, 경운기나 고추 건조기와 같이 석유로 가동하는 기계를 가끔 쓰긴 한다. 밭에 비닐 덮기를 하니 완전히 자연과의 순환 고리를 찾은 것도 아니다. 그래도 화학적 농약과 비료를 이용하는 관행 농법과 비교하면 기계와 화학물질에 대한 의존도가 낮고 대부분의 농사일을 우리의 몸으로 직접 한다. 맨발로 흙을 밟으며 일할 때는 흙과 나의 경계가 사라지는 것 같기도 하다. 대구에 있을 때와 달리 주변이 온통 산과 들이고 밖에 나가 있는 시간이 많아 언제나 자연과 교감하고 있다는 느낌도 어렴풋이 받는다. 그리고 농사일을 하면 할수록 농사에서 사람이 하는 역할이란 정말 미미하다는 걸 실감한다. 사람은 그냥 심어 놓고 물 조절만 가끔 해 주고 잡초만 뽑아 주면 작물은 하늘이 내려 주는 햇빛과 비를 맞으며 스스로 잘 자란다.

6월의 시작과 함께 심은 모도 처음엔 잎이 사전 종이같이 얇고 크기도 거의 잔디만 했다. 모판에서 요령 없이 잡아당기면 잎과 줄기가 상하거나 부러져 버렸다. 하지만 한번 심어 놓은 후에는 별 관리도 안 했는데 여름이 되자 잎이 단단하고 억세졌다. 키는 내 무릎을 넘기기 시작했고 줄기를 만져 보면 참 튼튼했다. 꽃대를 올리기 시작할 때는 곧 나락이 열릴 생각에 좋아서 절로 웃음이 나왔다. 사람은 결코 농작물에 대한 양육권을 가질 수 없다. 작물들의 양육자는 햇빛과 비와 땅과 미생물들과 농작물 자신이고 사람은 옆에서 거드는 일을 할 수 있을 뿐이다.

이 집에 처음 왔을 땐 밭둑의 풀을 낫으로 베고 밭고랑에서 자라나는 풀을 호미로 매는 일이 참 힘들었다. 둘 다 육체적으로 그렇게 고된 일은 아닌데 그 일을 하고 있는 내 마음이 별로 좋지 않았다. 밭에 나는 풀들은 정말 종류가 많고 모양과 색깔도 제각각이다. 손에 풀꽃 도감을 들고 가만히 앉아서 이름을 모르는 풀들을 찾아보고 바라보는 일은 참 재밌다. 다양한 식물들이 있다 보니 거미, 풍뎅이, 개구리, 먼지벌레, 무당벌레, 잎벌레, 메뚜기 등 여러 곤충들이 그곳을 서식지로 삼는다. 그런데 마치 토건 사업을 하듯 그 많은 동물들의 서식처를 베어 내고 뿌리째 뽑아 버리려니 마음이 편치 않았다. 무성하던 풀숲과 이곳저곳에서 튀어나오던 조그만 생물들이 한순간에 없어져 버리고 흙만 남은 밭의 모습은 황량하고 쓸쓸해 보였다. 그땐 정말 농사가 자연과 더불어 살아갈 수 있는 일이 맞기는 한지 의문스러웠다.

하지만 늦어도 몇 달, 빠르면 몇 주 만에 밭둑과 고랑에는 풀들이 무성해지고 또다시 개구리와 잎벌레와 메뚜기가 돌아온다. 자

2012년 6월 28일.

농약과 화학비료를 쓰지 않는 우리 논에는 긴꼬리투구새우와 물자라, 물땡땡이 등을 흔하게 볼 수 있다. 특히 긴꼬리투구새우는 잡초와 해충 발생을 억제하는데 5월 말부터 7월 초까지 왕성한 번식력을 보여 논에 물 반 새우 반일 만큼 많을 때도 있다.

©박준하

연은 굉장한 생명력을 가지고 있었다. 농사도 기본적으로 사람이 자연에 인위적으로 행하는 일인 만큼 결과적으로 자연을 해칠 여지가 있다. 그리고 산업화된 관행 농업은 실제로 자연을 해친다. 그래도 사람은 자연을 먹고 살 수밖에 없다. 인간이 생존을 위해 결과적으로 자연을 해치게 되는 일들, 논과 밭을 만들기 위해 숲을 없앤다든지 강에서 고기를 잡는 것과 같은 일은 인간을 제외한 자연 속에서도 흔히 있는 일이다. 멧돼지가 지렁이와 벌레를 잡아먹는 것은 멧돼지가 자연을 파괴하고 있는 것이 아니다. 먹이사슬과 생태계의 일부로서 멧돼지가 기능하는 것이다. 그와 마찬가지로 인간이 자연에서 필요한 것을 취하는 행위도 사람이라는 종種이 자연에서 하는 역할이라고 할 수 있겠다. 물론 자연의 생명력과 회복력의 한계를 무시한 채 위험한 방사선이 나오는 핵발전소를 짓고, 거기서 생산된 전기를 도시로 공급하기 위해 숲과 농지를 갈아엎고 초고압 송전탑을 세우고, 하천 생태의 다양성을 삽질로 파헤쳐 없애는 일은 인간의 역할을 넘어선 것이다.

자연에도 느슨한 법칙과 조화가 있다. 각자 생존을 위해 서로에게 '민폐'를 끼치는 것 같지만 강한 생명력과 유기적인 대처로 상황에 맞게 조율하고 회복해 간다. 앞서 말했듯 인간도 '시의적절'한 노동을 통해 자연에 개입한다. 그래서 사람과 자연의 상호주체성이 존중되고 조화를 이룰 수 있는 농사법을 찾아야 한다는 생각을 하게 된다.

하지만 이런 상호주체성을 존중하는 농법이 곧바로 자급자족으로 연결되는 것은 아니다. 지금 우리 집은 유기농업을 하고 있지만 돈을 벌 수 있는 몇 가지 작물과 꿀밖에 생산하고 있지 못하는 걸 봐도 그렇다. 얼마 전엔 고추를 수확해 건조기에 말렸는데, 고추는 다른 작물들에 비해 돈이 되다 보니 길을 가다 보면 밭에 고추가 가득 심어져 있는 모습을 쉽게 볼 수 있다. 돈이 되니 너도나도 고추 재배에 몰리는 것이다. 화폐가 지배하는 경제체제에서 살아가기 때문에 교환가치가 높은 작물만 대량 재배하게 되는 농촌의 모습을 보며 어떻게 하면 자급자족의 삶이 가능할지 더욱 고민이 많아졌다.

농촌에서 마주한 농사의 '현실'

자연이 아무리 무한한 생명력을 지니고 있다 해도 그 생명력과 생산성에는 분명 한계가 있다. 하지만 산업사회는 자연이 무한한 생산력을 가진 공장이라고 생각하는 듯 성장을 멈추지 않고 있다. 농업이 산업화되면서부터 사람들은 자연의 생산성을 그 한계보다 높이 끌어올리기 위해 각종 기계와 약품에 의존하기 시작했다. 올해는 결국 우리 논도 처음으로 비료를 쳤다.

화학비료를 먹고 자란 작물은 인체의 소화 흡수 과정에서 청색증을 일으키고 강력한 발암물질인 나이트로소아민을 만든다. 제초제의 주성분은 다이옥신인데 이 성분은 1㎍^{마이크로그램}만으로도 체중 50㎏인 사람 2만 명을 죽일 수 있다. 이런 성분들은 사람에게만 해를 끼치는 게 아니다. 흙 속에 사는 생물들을 죽이고 개체 수의 감소를 부른다. 작물들의 뿌리가 흙에 덮여 있다고 저절로 작물이 자라는 게 아니다. 흙과 그 속에 있는 각종 토양 유기물과 미생물들의 도움이 있어야 작물은 건강하게 자라난다. 그러나 화학 성분의 영향으로 흙 속의 생물들은 점점 죽어 가고 있다.

화학 성분 속에서 자라난 작물들은 스스로 자연에서 살아남을 힘을 잃어 간다. 그래서 예기치 못한 자연의 침범에 거의 속수무책으로 당한다. 이렇게 한번 당하고 나면 대다수의 관행 농가에서는 작물에 화학약품 처리를 더 강하게 해 버려 작물들이 자연의 침범에 대한 내성을 더욱 잃어버리게 만든다. 화학 농법을 하는 농가들을 보며 난 자연과 어떤 일체감도 찾아볼 수 없었던 대구의 중심부를 생각했다.

화학 농법만이 문제는 아니다. 우리 집은 상추, 토마토, 가지와 같은 채소는 직접 길러서 먹고 있는데 모두 종묘사와 시장에서 씨앗과 모종을 사 온 것이다. 완전한 자급자족이라 보기 어려운 것이다. 이렇게 거래되는 씨앗과 모종은 종간 교잡과 유전자 조작 등으로 인해 자체적인 생식 능력이 거의 사라진 상태라 내년에는 또 씨앗과 모종을 사야 한다. 게다가 이런 씨앗과 모종은 면역력이 약하고 앞서 말했듯 자연의 침범에 쉽게 무너진다. 대를 이어서 그 지역의 환경이나 병충해에 적응한 토종 씨앗이 아니기 때문이다. 우리 집에서 지금 대를 이어 기를 수 있는 작물은 벼, 콩, 들깨 정도라고만 알고 있다.

종묘사들 때문에 대다수의 농부들이 씨앗을 보관하지 않게 되어 토종 씨앗들이 사라지고 종자 시장에 종속되었다고 한다. 종묘사들이 제공하는 씨앗과 모종에 우리들의 먹거리를 의존하는 것은 언제 무너질지 모르는 건물 속에 갇히는 꼴과 같다. 만약 이런 종묘사들이 전부 불타 이듬해 심을 씨앗이 없어진다면? 아니면 너무 많은 개량과 조작으로 인해 모든 종묘사의 씨앗들이 발아하지 못할 정도로 허약해지는 사태가 온다면? 그런 사태 이후에 우리들은 뭘 먹고 살아야 할까? 생각만 해도 끔찍하다. 산업화된 농사는 자립성을 완전히 잃어 가고 있었다.

날이 갈수록 자연을 더 많이 뜯어먹을 궁리만 하며 성장을 추구해 가는 산업사회는 언젠가 숙주를 죽여 버려 결국 자신까지 죽음에 이르리라 생각한다. 사람은 어디까지나 자연이 있기에 생존할 수 있다는 가장 기본적인 사실을 망각한 채 그것과 분리되어 굴러가는 산업사회라는 고인 물이 언제까지 신선할 수 있을까? 이렇게 이곳에 와서도 나는 때때로 친구들과 자취하던 건물 옥상에서 본 풍경을 본다.

자급자족의 가능성?

한번은 온 식구들이 차를 타고 잘 아는 분의 집에 놀러 갔다. 그곳엔 중년의 부부와 할머니, 그리고 부부가 낳은 5형제가 작은 규모로 유기농법을 실천하며 살고 있었다. 이곳에서 아홉 살인 G가 잠자리채를 만드는 것을 보았는데, 철사를 동그랗게 구부리고 망을 씌운 뒤 집 뒤에서 대나무를 잘라 와 낫으로 능숙하게 가지를 잘라 냈다. 그리고 줄기만 남은 대나무에 망을 씌운 철사를 끼우자 잠자리채가 완성되었다. 시간을 재 보지는 않았지만 정말 순식간에 잠자리채 하나가 G의 손에서 만들어졌다.

G가 직접 만든 활과 화살도 있었는데 쏘아 보니 멀리는 15m나 날아갔고, 모래를 담은 비닐 포대에 턱턱 박힐 정도로 힘이 셌다. 나는 이런 물건들을 스스로 만들 엄두도 못 내는데 G가 하는 걸 보면 정말 집이라도 한 채 지을 기세다. G를 보면서 이렇게 스스로 뭔가를 만들 수 있는 능력이 자급자족하는 데 필수적인 능력이라는 생각이 들었다. 스스로 자신에게 필요한 옷과 도구, 먹거리, 집, 식수 등을 조달할 수 없다면 결국 돈에 의존하는 삶 말고는 다른 방법이 없다.

G는 돈 없이도 품위 있게 살 방법에 대한 답을 내게 준 것이다. 그래서 농사를 어느 정도 배우고 나서 여건만 된다면 집짓기나 옷 만들기 등 살아가는 데 필요한 모든 기초적인 것들의 재료를 자연

을 통해 직접 얻고 만드는 방법을 배우고 싶다. 어쨌든 사람은 기본적으로 자연을 탐식하며 살 수밖에 없으니까. 그리고 사람과 자연의 상호주체성이 존중되는 자기 충족적 삶의 방식만이 희망 없는 산업사회를 헤쳐 나갈 길이라고 생각하니까. 또 자연에서 모든 걸 구하고 우리의 필요와 자연의 필요 사이에서 시의적절하게 조화를 이루어 가려는 노력은 우리가 자연의 일부로서 살아갈 수 있도록 해 주리라 믿는다. 물론 내가 이 모든 것을 완벽하게 이루어 낼 거라고 자신 있게 말하진 못한다. 하지만 이런 노력들이 지속 가능한 삶을 만드는 의미 있는 시도가 되지 않을까. 더군다나 나의 유학 생활과 자급자족의 삶에 대한 공부는 이제 시작이니까.

2012년 11월 12일.
콩을 수확한 후 콩대를 묶어 쌓아 놓았다. 콩대는 땔감으로도 요긴하게 쓰여 버릴 게 없다.

ⓒ박준하

교육공동체 벗

교육공동체 벗은 협동조합을 모델로 하는 작은 지식공동체입니다.
협동조합은 공통의 목적을 가진 사람들이 모여서 만든
권력과 자본으로부터 독립된 경제조직입니다.
교육공동체 벗의 모든 사업은 조합원들이 내는 출자금과 조합비로 운영됩니다.
수익을 목적으로 하지 않기에 이윤을 좇기보다
조합원들의 삶과 성장에 필요한 일들과
교육운동에 보탬이 될 수 있는 사업들을 먼저 생각합니다.
정론직필의 교육전문지, 시류에 휩쓸리지 않는 정직한 책들,
함께 배우고 나누며 성장하는 배움 공간 등
우리 교육 현실에 필요한 것들을 우리 힘으로 만들고 함께 나누고 있습니다.

조합원 참여 안내

출자금(1구좌 일반 : 2만 원, 터잡기 : 50만 원)을 낸 후 조합비(월 1만 5천 원 이상)를 약
정해 주시면 됩니다. 조합원으로 참여하시면 교육공동체 벗에서 내는 격월간 교육전문지
《오늘의 교육》과 조합 회지 〈벗마을 이야기〉를 받아 보실 수 있습니다. 출자금은 종잣돈으
로 가입할 때 한 번만 내시면 됩니다. 조합을 탈퇴하거나 조합 해산 시 정관에 따라 반환합
니다. 터잡기 조합원은 벗의 터전을 함께 다지는 데 의미와 보람을 두며 권리와 의무에서
일반 조합원과 차이는 없습니다. 아래 홈페이지나 카페에서 조합 가입 신청서를 내려받아
작성하신 후 메일이나 팩스로 보내 주세요.

홈페이지 communebut.com
카페 cafe.daum.net/communebut
이메일 communebut@hanmail.net
전화 02-332-0712
팩스 0505-115-0712

교육공동체 벗을 만드는 사람들

※하파타 순

후쿠시마 미노리, 황호연, 황진원, 황지영, 황정하, 황정일, 황정인, 황정원, 황정욱, 황이경, 황은복, 황윤호성, 황승우, 황순임, 황봉희, 황미숙, 황기철, 황금희, 황규선, 황귀남, 황고운, 황경희, 홍유지, 홍용덕, 홍순성, 홍세화, 홍성은, 홍성구, 홍석근, 홍미영, 현복실, 현미열, 허효인, 허진혁, 허은실, 허수욱, 허성균, 허보영, 합점순, 함영기, 한학범, 한지희, 한정혜, 한은옥, 한영숙, 한영선, 한승희, 한승모, 한소영, 한성찬, 한봉순, 한민혁, 한만중, 한날, 한기련, 한경희, 하혜영, 하정호, 하인호, 하외정, 하승우, 하승수, 하승배, 하광once, 탁동철, 최희성, 최환근, 최현우, 최현미a, 최현미b, 최창기, 최진규, 최주연, 최종순, 최종민, 최정윤, 최정아, 최인섭, 최은희, 최은혜, 최은정, 최은아, 최은순, 최은숙a, 최은숙b, 최은미, 최은경, 최윤미, 최원혜, 최용기, 최영식, 최영락, 최연희, 최연정, 최애영, 최애리, 최승훈, 최슬빈, 최선영a, 최선영b, 최봉선, 최보람, 최병우, 최미영, 최미선, 최미나, 최미경, 최문정, 최문선, 최동혁, 최대현, 최기호, 최광용, 최광락, 최고봉, 최경미, 최경련, 채효정, 채현숙, 채종민, 채옥엽, 차용훈, 진현, 진주형, 진유미, 진용윤, 진영효, 진영준, 진수영, 진만현, 진냥, 지향수, 지정순, 지은미, 지윤경, 지수연, 주유아, 주순영, 주수원, 주경희, 조희정a, 조희정b, 조형숙, 조향미, 조해수, 조하늘, 조진희, 조진석, 조지연, 조준혁, 조주원, 조정희, 조인재, 조용현, 조윤성, 조원배, 조용진, 조영현, 조영옥, 조영실, 조영선, 조영란, 조여은, 조여경, 조수진, 조성희, 조성진, 조성연, 조성실, 조성대, 조선주, 조석현, 조석영, 조상희, 조미라, 조문경, 조두형, 조경원, 조경애, 조경아, 조경삼, 제남모, 정희영, 정희선, 정홍용, 정혜령, 정현주a, 정현주b, 정현숙a, 정현숙b, 정혜레나, 정춘수, 정철성, 정진영a, 정진영b, 정진규, 정종민, 정재학, 정인영, 정이든, 정은희, 정은주, 정은균, 정유진a, 정유진b, 정유숙, 정유섭, 정원석, 정용주, 정영현, 정영수, 정애순, 정애숙, 정수연, 정선희, 정상희, 정부교, 정보라a, 정보라b, 정미옥, 정미라, 정명옥, 정명영, 정득년, 정기진, 정광호, 정광필, 정광일, 정관모, 정경진, 정경원, 전혜원a, 전혜원b, 전정희, 전유미, 전상보, 전보선, 전병기, 전민기, 전미학, 전미옥, 전미영, 장효영, 장훈월, 장혜진, 장혜숙, 장혜경, 장현주, 장주섭, 장종성, 장재화, 장재혁, 장인수, 장은하, 장은미, 장윤영, 장원영, 장영희, 장영경, 장시준, 장슬기, 장선아, 장상욱, 장병학, 장도현, 장근영, 장군, 임혜정, 임현숙, 임향신, 임한철, 임지영, 임중혁, 임종길, 임정은a, 임정은b, 임전수, 임양미, 임수진, 임성빈, 임성무, 임선영, 임상진, 임명택, 임동헌, 임덕연, 임금홍, 이희숙, 이효진, 이화현, 이화숙, 이호진, 이혜정, 이혜숙, 이혜린, 이형환, 이형빈, 이현주, 이현종, 이현익, 이현민, 이현, 이혁규, 이향숙, 이한진, 이태영a, 이태영b, 이태구, 이충익, 이충근, 이초록, 이창진, 이진희, 이진주, 이진숙, 이지혜, 이지현, 이지향, 이지영a, 이지영b, 이지연, 이준구, 이주희, 이주탁, 이주영, 이종찬, 이종은, 이정희a, 이정희b, 이정희c, 이정현, 이정윤, 이정연, 이재형, 이재익, 이재두, 이인사, 이용휘, 이은희, 이은진, 이은주a, 이은주b, 이은주c, 이은옥, 이은영a, 이은영b, 이은숙, 이은경, 이윤주, 이윤엽, 이윤승, 이윤선, 이유미a, 이유미b, 이유경, 이유진, 이월녀, 이원님, 이운서, 이우진, 이용환, 이용석a, 이용석b, 이용상, 이용기, 이영화a, 이영화b, 이영호a, 이영호b, 이영혜, 이영주a, 이영주b, 이영아, 이영선a, 이영선b, 이영상, 이연진, 이연주, 이연숙, 이연수, 이애영, 이아리따, 이신희, 이승헌, 이승태, 이승윤, 이승열, 이승현, 이승아, 이슬기a, 이슬기b, 이순임, 이수정, 이수미, 이소형, 이성원, 이성숙, 이성수, 이성구, 이설희, 이선희, 이선표, 이선용, 이선영, 이선애, 이선미, 이상훈, 이상직, 이상원, 이상영, 이상미, 이상대, 이상균, 이분자, 이보선, 이보라, 이병준, 이병재, 이병곤, 이범희, 이민재, 이민아, 이민숙, 이민수, 이민동, 이미옥, 이미영, 이미연a, 이미연b, 이미숙a, 이미숙b, 이미라, 이미, 이명형, 이매남, 이동훈, 이동철, 이동준, 이동범, 이동갑, 이도종, 이도연, 이덕추, 이남숙, 이난영, 이나경, 이기영, 이기규, 이근희, 이근철, 이근준, 이근영, 이균호, 이교열, 이광연, 이관형, 이계삼, 이경진, 이경옥, 이경언, 이경아, 이경림, 이건진, 이갑순, 윤홍은, 윤지형, 윤종원, 윤우람, 윤영훈, 윤영인, 윤영백, 윤여강, 윤승용, 윤석, 윤상혁, 윤병일, 윤규식, 육신혜, 유효성, 유은아, 유영길, 유성희, 유성상, 유근란, 위양자, 원지영, 원종희, 원윤희, 원성제, 우창숙, 우지영, 우완, 우수경, 우성조, 우경숙, 오혜원, 오현진, 오중근, 오정희, 오정분, 오은경, 오은경, 오유주, 오유진, 오승훈, 오세희, 오세연, 오세란, 오상철, 오민식, 오명환, 오동석, 오경숙, 염정화, 염정신, 여희영, 여태전, 엄창호, 엄지선, 엄재홍, 엄영숙, 엄기호, 엄귀영, 양해준, 양지선, 양수호, 양수숙, 양은신, 양영희, 양서영, 양서영, 양동기, 안효빈, 안혜초, (故)안혜영, 안찬원, 안지현, 안지숙, 안준철, 안경선, 안경민, 안재성, 안윤숙, 안용덕, 안옥수, 안순역, 안선영, 안상태, 안경화, 심항일, 심은보, 심승희, 심수환, 심동우, 심규장, 심경일, 신희정, 신홍식, 신혜선, 신충일, 신창호, 신창복, 신중휘, 신은정, 신은숙, 신은경, 신유준, 신영숙, 신소희, 신미옥, 신귀애, 신관식, 송화원, 송호영, 송혜란, 송현주, 송진아, 송경은, 송윤희, 송용석, 송승훈, 송순재, 송송이, 송명숙, 송근희, 손호만, 손현아, 손진근, 손재덕, 손은경, 손소영, 손미, 손명선, 소수영, 성현주, 성현석, 성주연, 성유진, 성용혜, 성열관, 설은주, 설원민, 선미라, 석경순, 서혜진, 서혜원, 서정오, 서인선, 서은지, 서윤수, 서우철, 서예원, 서승일, 서명숙, 서금자, 서근원, 서경훈, 서강선, 상형규, 복헌수, 복준수, 변혁숙, 변규석, 백흥미, 백현희, 백지연, 백인식, 백영호, 백승범, 백기열, 배희철, 배희숙, 배진희, 배주영, 배정원, 배일훈, 배이상헌, 배영진, 배아영, 배성호, 배기표, 배경내, 방은아, 방성녁, 방득일, 반영진, 박희진, 박희영, 박효정, 박효수, 박환조, 박혜숙, 박형진, 박형일, 박현희a, 박현희b, 박현주, 박현숙, 박현선, 박춘애, 박춘배, 박철호, 박진환, 박진숙, 박진수, 박진교, 박지희, 박지흥, 박지인, 박지원, 박지선, 박지나, 박종호, 박종하, 박정현, 박정아, 박정미, 박재현, 박은하, 박은아, 박은성, 박은경a, 박은경b, 박윤희, 박용빈, 박우주, 박옥균, 박영실, 박영미, 박영대, 박신자, 박승철, 박숙현, 박수현, 박수진a, 박수진b, 박수연, 박소영a, 박소영b, 박성현, 박성규, 박선희, 박선혜, 박선영, 박상준, 박복선, 박범이, 박미희, 박명희, 박명진, 박명숙, 박래훈, 박동준, 박도정, 박덕수, 박대성, 박노해, 박노한, 박나실, 박고형준, 박계도, 박경화, 박경진, 박경주, 박경이, 박건형, 박건진, 민형기, 민애경, 민병성, 미류, 문혜영, (故)문홍빈, 문진숙, 문지훈, 문용석, 문영주, 문순창, 문순옥, 문수현, 문수영, 문수경, 문세이, 문성철, 문봉선, 문미정, 문명순, 문경희, 모은정, 모영화, 명수민, 마연주, 마승희, 림보, 류형우, 류창모, 류지남, 류정희, 류재항, 류원정, 류우종, 류영애, 류명숙, 류경원, 도정철, 도인정, 데와 타카유키, 노영필, 노영민, 노상경, 노미화, 노미경, 노성미, 남요숙, 남주형, 남유미, 남유경, 남원호, 남예린, 남선우, 남미자, 남동־, 남궁역, 날랭, 나규환, 김희정, 김희옥, 김흥규, 김훈태, 김효정, 김효승, 김환희, 김홍규, 김혜영, 김혜민, 김혜림, 김형우, 김형영, 김형렬, 김형근, 김현진, 김현준, 김현주, 김현조, 김현정, 김현영, 김현실, 김현선, 김현경, 김현, 김헌택, 김필일, 김태정, 김태욱, 김춘성, 김창진, 김찬호, 김진희a, 김진희b, 김진숙, 김진명, 김진, 김지훈, 김지현, 김지연a, 김지연b, 김지양, 김지미, 김지광, 김중미, 김준희, 김준연, 김준산, 김주기, 김종현, 김종원, 김종옥, 김종성, 김종만, 김정희, 김정현, 김정주, 김정식, 김정섭, 김정삼, 김정기, 김정규, 김재황, 김재원, 김재민, 김장환, 김인순, 김이은, 김이상, 김이민경, 김은희a, 김은희b, 김은파, 김은진, 김은영, 김은아, 김은식, 김은숙, 김은남, 김은규, 김은경, 김윤창, 김윤주a, 김윤주b, 김윤정, 김윤자, 김유우, 김유정, 김유미, 김우영, 김우, 김용훈, 김용앙, 김용섭, 김용만, 김용란, 김용기, 김요한, 김영희, 김영진a, 김영진b, 김영주a, 김영주b, 김영주c, 김영자, 김영아, 김영순, 김영삼, 김연정, 김연일, 김연오, 김연미, 김애숙, 김애령, 김시내, 김승규, 김순희, 김순천, 김수현a, 김수현b, 김수진a, 김수진b, 김수진c, 김수정a, 김수정b, 김수정c, 김수정d, 김수경, 김소희a, 김소희b, 김소영, 김세호, 김성진, 김성중, 김성애, 김성숙, 김성수, 김성보, 김설아, 김선희, 김선우, 김선산, 김선구, 김선경, 김석준, 김석규, 김상희, 김상정, 김상일, 김상숙, 김상남, 김상기, 김봉석, 김보현, 김병희, 김병훈, 김병주, 김병섭, 김병기, 김범주, 김방년, 김민희, 김민제, 김민정, 김민수a, 김민수b, 김민곤, 김미향a, 김미향b, 김미정, 김미숙, 김미라, 김무영, 김묘선, 김명희a, 김명희b, 김명섭, 김록성, 김동현, 김동춘, 김동일, 김동이, 김도형, 김도현, 김도연, 김도석, 김대현, 김대성, 김다희, 김다영, 김남철, 김남규, 김기오, 김기언, 김규항, 김규태, 김규리, 김광명, 김고종호, 김경호, 김경일, 김경엽, 김경화, 김경숙a, 김경숙b, 김가연, 기호철, 기형준, 기세라, 기선인, 금현진, 금현욱, 금명순, 권현영, 권재욱, 권자영, 권이근, 국찬석, 구회숙, 구자숙, 구완회, 구수연, 구본희, 구미숙, 꽹이눈, 광휴, 곽혜영, 곽현주, 곽진경, 곽노현, 곽노근, 곽경미, 공현, 공은미, 공영아, 고효선, 고춘식, 고은정, 고은미, 고영來, 고영아, 고병헌, 고병omin, 고민경, 강현주, 강현정, 강태식, 강진영, 강준희, 강이진, 강은정, 강영일, 강영구, 강순원, 강수미, 강수돌, 강성호, 강성규, 강선희, 강석도, 강서형, 강봉구, 강병용, 강곤, 강경미, 강경모

2016년 5월 17일 기준 1,058명

* 이 책의 본문은 재생 용지를 사용해서 만들었습니다.
* 자원 재활용을 위해 표지 코팅을 하지 않았습니다.